Klaus Peter Dannecker
Alexander Saberschinsky

Neues Leben
aus Wasser und Geist

Klaus Peter Dannecker
Alexander Saberschinsky

Neues Leben
aus Wasser und Geist

Zur Vorbereitung der Kindertaufe

HERDER

FREIBURG · BASEL · WIEN

Neuausgabe 2017
© Verlag Herder GmbH, Freiburg im Breisgau 2008
Alle Rechte vorbehalten
www.herder.de

Umschlaggestaltung: Verlag Herder, Freiburg im Breisgau
Umschlagmotiv: Birgit Korber/iStock
Satz: post scriptum, Emmendingen / Hüfingen
Herstellung: Graspo CZ, Zlín

Printed in the Czech Republic

ISBN Print 978-3-451-37704-4
ISBN E-Book (PDF) 978-3-451-83704-3

Inhalt

Wir bitten dich, allmächtiger, ewiger Gott,
schau gnädig auf deine Kirche
und öffne ihr den Brunnen der Taufe.
Dieses Wasser empfange vom Heiligen Geist
die Gnade deines eingeborenen Sohnes.
Die Menschen, die du als dein Abbild geschaffen hast,
reinige im Sakrament der Taufe von der alten Schuld.
Aus Wasser und Heiligem Geist geboren,
lass sie auferstehn zum neuen Leben.

(Aus dem Segensgebet über das Taufwasser)

Liebe Eltern,

ein Mensch verändert die Welt. Das haben Sie hautnah erlebt durch ihr Kind – schon vor seiner Geburt und erst recht nachher. Hoffen und Bangen, Fragen und Suchen, Freude und Faszination sind mit einem Kind verbunden. Als gläubige Menschen sind wir überzeugt: All dies, unser ganzes Leben, ist geborgen in Gott. Weil Sie an Gott als Begleiter auf dem Weg durch das Leben glauben, haben Sie sich auch entschlossen, für Ihr Kind die Taufe zu erbitten. In der Feier der Taufe will deutlich werden: Gott liebt Ihr Kind, er nimmt es an, schenkt ihm seine Liebe, er begleitet es auf seinem Lebensweg und stellt es unter seinen Schutz und Segen. Dies alles geschieht in der katholischen Kirche, die sich als Gemeinschaft derer versteht, die Gott zu seinen Kindern erwählt hat und die den Lebensweg in dieser Glaubensgemeinschaft gehen. Falls Sie sich als Eltern dieses Weges noch vergewissern möchten, kann die Feier der Taufe auch in zwei Schritten erfolgen (Näheres siehe ab Seite 72).

Dieses Büchlein will Ihnen dabei helfen, die Tauffeier gemeinsam mit Ihrem Seelsorger vorzubereiten und ein paar Hintergründe zu entdecken. Getauft-sein ist etwas Schönes, über das wir uns ehrlich freuen dürfen. Die Beschäftigung mit der Tauffeier und ihrer Bedeutung auf diesen Seiten möchte diese Freude vertiefen: in uns, weil wir schon getauft sind, und für ihr Kind, weil es in der Taufe mit dieser Freude beschenkt wird.

Liebe Paten,

Sie sind gebeten worden, das Patenamt zu übernehmen. Das bedeutet, dass Sie das mittragen wollen, was den Eltern bei der Erziehung des Kindes wichtig ist. In der Tauffeier, bei der Sie das Patenamt übernehmen werden, wird das für den Glauben deutlich: Sie verpflichten sich, die Eltern bei der Glaubenserziehung des Kindes zu unterstützen. Sie sind deshalb eingeladen, an der Gestaltung der Tauffeier mitzuwirken und dadurch ihre Bereitschaft zum Patenamt zum Ausdruck zu bringen. Damit bieten Sie dem Kind in der Glaubensgemeinschaft der katholischen Kirche Ihr Weggeleit an. Voraussetzung dafür ist natürlich, dass Sie den katholischen Glauben teilen, Ihren Lebensweg in der Gemeinschaft der Kirche gehen und diesen Glauben weitergeben möchten. Dazu möchte Ihnen dieses Büchlein eine Hilfe bieten.

Trier – Köln / Hennef, im Oktober 2016
Klaus Peter Dannecker / Alexander Saberschinsky

DEN NAMEN DES VATERS UN

Hintergründe
Kennenlernen – Verstehen

Aus dem Taufwasser ersteht der Neugetaufte mit Christus zu neuem Leben (siehe Seite 15–16).

Die Taufe gilt als das grundlegende sakramentale Zeichen des göttlichen Heils für uns Menschen. Worin besteht dieses Heil? Was geschieht in der Taufe? Ein Blick in die Liturgie der Taufe kann helfen, die wesentlichen Aspekte des christlichen Taufverständnisses zu erschließen. Denn was die Kirche glaubt, wird in der Betrachtung der liturgischen Feier zutiefst deutlich. Im Sakrament der Taufe wird die Liebe Gottes zu uns Menschen in vierfacher Weise gefeiert: Die Taufe als Ausdruck des Glaubens an Jesus Christus schenkt die Gotteskindschaft, sie gliedert in die Gemeinschaft der Kirche ein, sie verleiht Anteil am Geschick Jesu Christi, vor allem an seinem Tod und seiner Auferstehung, und sie vergibt Schuld und Sünde.

Gotteskindschaft als Gabe des Geistes

Die Bibel berichtet, dass sich bei der Taufe Jesu im Jordan der Geist Gottes auf ihn herabgesenkt hat. Und auch die liturgischen Texte heute sprechen davon, dass dem Täufling »aus dem Wasser und dem Heiligen Geist neues Leben« geschenkt wird, zum Beispiel beim Lobpreis und der Anrufung Gottes über dem Wasser. Das heißt: In der Taufe empfängt der Täufling den »Geist, der ruft: Abba, Vater« (Galaterbrief 4,6). In der Kraft des Heiligen Geistes dürfen die Getauften zu Gott »Vater« sagen, werden sie zu Kindern Gottes. Der Empfang des Heiligen Geistes ist das Kennzeichen Gottes, das die Getauften unauslöschlich wie ein Siegel tragen, das sagt: Wir gehören zu Gott, unserem Vater.

Eingliederung in den Leib Christi, die Kirche

Die Taufe ist die Aufnahme eines Menschen in die Gemeinschaft der Kirche. So wird das Kind am Beginn der Tauffeier persönlich angesprochen: »Mit großer Freude empfängt dich die Gemeinschaft der Glaubenden.« Und das Gebet im Eröffnungsteil bittet Gott: »Öffne die Tür in die heilige Kirche, in die wir durch Glaube und Taufe eingetreten sind.« Die Kirche, in die der Täufling aufgenommen wird, ist nicht nur ein Zusammenschluss von Gläubigen, sondern steht in enger Verbindung mit Christus. Paulus benutzt das Bild eines Leibes: Die Kirche als Leib hat viele Glieder mit unterschiedlichen Funktionen, die sich gegenseitig ergänzen. Das Haupt dieses Leibes ist Christus, der dem Ganzen erst Zusammenhalt gibt. In diesen Leib Christi, der die Kirche ist, gliedert die Taufe ein. Der Text zur Salbung mit Chrisam nach der Taufe bringt dies zum Ausdruck: »Aufgenommen in das Volk Gottes wirst du nun mit heiligem Chrisam gesalbt, damit du für immer ein Glied Christi bleibst, der Priester, König und Prophet ist in Ewigkeit.«

Um dies deutlich und erfahrbar zu machen, ist es sinnvoll, die Taufe in einem Gemeindegottesdienst zu feiern. Denn in der Gemeinde vor Ort ist die gesamte Kirche präsent, in die der Täufling aufgenommen wird. Wenn diese Kirche Menschen aufnimmt, sollte sie sich dazu auch versammeln und dies feiern. Aus dem gleichen Grund ist der reguläre Ort der Taufe die Pfarrkirche.

Die Eingliederung in den Leib Christi erstreckt sich nicht nur auf die Zugehörigkeit zu seinem Leib. Die Zugehörigkeit zu Christus und seinem Leib wird dem oben zitierten Wort zur Chrisamsalbung zufolge auch als Teilhabe an den Gnaden, Gaben und Aufgaben Christi deutlich: Mit der Taufe wird ein Mensch der königlichen, priesterlichen und prophetischen Würde teilhaftig. Er gehört zu einer königlichen Priesterschaft und einem heiligen Volk (1. Petrusbrief 2,9) und ist gerufen, sein Leben dieser Würde entsprechend zu gestalten.

Teilhabe an Tod und Auferstehung Christi

In einem Abschnitt des Römerbriefs, der in der Tauffeier als Lesung verwendet werden kann, deutet Paulus in sehr dichter Weise das christliche Taufverständnis:

> »Wir alle, die wir auf Christus Jesus getauft wurden, sind auf seinen Tod getauft worden. Wir wurden mit ihm begraben durch die Taufe auf den Tod; und wie Christus durch die Herrlichkeit des Vaters von den Toten auferweckt wurde, so sollen auch wir als neue Menschen leben. Wenn wir nämlich ihm gleich geworden sind in seinem Tod, dann werden wir mit ihm auch in seiner Auferstehung vereinigt sein.«
>
> (Römerbrief 6,3–5)

Diese Deutung prägt das Taufverständnis bis heute. In den Vorbemerkungen des liturgischen Buchs zur Feier der Taufe heißt es deshalb: »Den Reinigungsriten des Alten Testaments weit überlegen, bringt die Taufe ihre Wirkungen hervor kraft des Mysteriums des Leidens und der Auferstehung des Herrn. Getauft werden heißt: gleichsam eingepflanzt werden in den Tod Christi, mitbegraben, mitbelebt und miterweckt werden in ihm. In der Taufe wird nämlich nichts anderes begangen und vollzogen als das Pascha-Mysterium. Denn in ihr gehen die Menschen hinüber vom Tod der Sünde zum Leben.« (Nr. 6) Der Tod Jesu Christi war nicht nur sein persönliches Schicksal, sondern betrifft jeden Menschen. Denn Christus hat den Tod überwunden – auch für alle, die an ihn glauben. Deshalb deutet die Liturgie das Taufgeschehen in Parallele zum Christusgeschehen: Wir werden Christus eingepflanzt, das heißt, in der Taufe sterben wir mit Christus. Das symbolisiert das Untertauchen in das Wasser. Wasser ist somit von seiner Symbolik her nicht nur das reinigende Element, sondern auch die lebensbedrohende Flut, die uns in den Tod zieht. Doch wer mit Christus stirbt, der empfängt auch von ihm das neue Leben. Das Wasser der Taufe erweist sich somit zugleich als Leben spendende Kraft (siehe Abbildungen Seite 12).

Es wird deutlich: Die christliche Tauftheologie greift das menschliche Leben in allen seinen Dimensionen auf, vom Tod bis zum ewigen Leben, von Enttäuschung bis zur tiefsten Erfüllung der menschlichen Bedürfnisse und Sehnsüchte. Die Taufe, die gerne als Fest des Lebens – zumal am Beginn des Lebens bei einer Kindertaufe – verstanden wird, spricht vom Sterben des Menschen. Doch zugleich lebt die gottesdienstliche Feier der Taufe aus der Hoffnung des noch kommenden Heils: Weil Christus, dem der Täufling »eingepflanzt« ist, von den Toten auferstand, kann auch der Täufling aus dem Wasser der Taufe lebendig wieder emporsteigen und erhält jetzt schon Anteil am ewigen Leben und der Erlösung.

Vergebung der Sünden

Schon im Neuen Testament ist vom »Bad der Taufe« oder dem »Taufbad« die Rede. Auch wenn es sich bei der christlichen Taufe nicht um eine rituelle Waschung handelt, ist doch einer ihrer Aspekte die Sündenvergebung. So bezeugen die Gläubigen im Großen Glaubensbekenntnis, das auch in der Taufliturgie seinen Platz hat: »Wir bekennen die eine Taufe zur Vergebung der Sünden.« Und im Gebet um Schutz bittet die Gemeinde unmittelbar vor der Taufe für die Täuflinge: »Herr, allmächtiger Gott ... Durch die Kraft des Leidens und der Auferstehung deines Sohnes befreie sie von Erbschuld und der Verstrickung in das Böse.« Doch wozu bedarf es bei Kleinkindern einer Sündenvergebung? Wie sollten sie bereits Sünden begangen haben?

Die Sündenvergebung durch die Taufe zielt nicht nur auf einzelne Verfehlungen der Täuflinge in ihrem bisherigen Leben, sondern sie befreit grundsätzlich aus der »Verstrickung in das Böse«, die traditionell als »Erbschuld« bezeichnet wird. Dieser Begriff versucht die tiefe Erfahrung des Menschen ins Wort zu fassen, dass es in der Welt das Böse gibt. Oder mit anderen Worten: Der Mensch will das Gute, tut aber doch immer wieder das Böse und kann sich aus eigener Kraft vom Bösen nicht gänzlich frei machen. Auch bei besten Vorsätzen versündigt er sich immer wieder gegen Gott, sich selbst, seine Mitmenschen und die Schöpfung. Gott ist es, der diesen Knoten zerschlägt, indem er in Jesus Christus das schreiende Unrecht, das er – auch im wörtlichen Sinne – am eigenen Leib erfährt, erduldet – klassisch gesprochen: sühnt. Indem die Menschen Gemeinschaft mit Christus gewinnen, weil sie in der Taufe – wie oben beschrieben – an seinem Schicksal teilhaben, wird die Gottesferne überwunden, die Erbschuld vergeben. Die Menschen »entkommen dem Sog der Unheilsgeschichte, weil sie, statt der Vergangenheit verhaftet zu sein, in der Beziehung zum Auferstandenen bereits jetzt aus der in ihm angebrochenen heilvollen Zukunft als neue Menschen leben« (Eva-Maria Faber).

Tauffeier
Vorbereiten – Begreifen

Dieser Abschnitt stellt die Feier der Taufe dar und erschließt ihren tieferen Sinn. Vorab noch ein paar grundsätzliche Bemerkungen.

Die Taufe kann als eigenständiger Gottesdienst gefeiert werden. Sie kann aber auch innerhalb einer Messfeier stattfinden, wodurch der innere Zusammenhang zwischen Taufe und Eucharistie zum Ausdruck kommt. Feiert man die Taufe in einem Gemeindegottesdienst, zum Beispiel in der Sonntagsmesse, dann wird der Gemeindebezug der Taufe besonders deutlich erfahrbar. So zeigt sich klar, dass Taufe zwar auch eine Familienfeier ist, aber zugleich die Aufnahme in die Gemeinschaft der Kirche. Da dies jedoch nicht der Regelfall und nicht immer möglich ist, stellen wir Ihnen im Folgenden zunächst die Kindertaufe außerhalb der Messfeier vor. Findet die Taufe doch innerhalb der Messfeier statt, hat sie ihren Ort nach der Predigt. Nach der Taufe wird die Messfeier in gewohnter Weise mit der Gabenbereitung fortgesetzt.

Die Taufe eines Kindes ist zugleich eine Einladung an die Eltern, sich selbst noch einmal nach ihrem eigenen Glauben zu befragen. Wenn Sie sich dafür mehr Zeit nehmen möchten, bietet Ihnen die Kirche als eine Möglichkeit an, die Taufe in zwei Stufen zu feiern. In einer ersten Stufe wird ihre Bitte um die Taufe in einer eigenen Feier begangen. Sie eröffnet den Weg zur Tauffeier, die dann zu einem späteren und von Ihnen bestimmten Zeitpunkt als zweite Stufe den Weg beschließt. Dazwischen ist Raum und Zeit, den eigenen Glaubensfragen nachzugehen und sich auf die Taufe des Kindes in Ruhe vorzubereiten. Ob dies ein Weg für Sie sein könnte, entscheiden Sie gemeinsam mit dem Geistlichen, der Sie begleitet und Ihr Kind tauft.

Über die Texte und Gestalt der Feiern informiert weiter unten ein eigener Abschnitt über »Die Feier der Kindertaufe in zwei Stufen«.

Der Blick in die liturgischen Texte und auf die Riten der Tauffeier erschließt, was wir hier feiern und was die Taufe bedeutet.

Daher finden Sie nach einem Überblick über den Aufbau der Feier auf der *linken Seite* die liturgischen Texte, so wie sie auch im offiziellen Buch für die Kindertaufe vorgesehen sind (Die Feier der Kindertaufe, Freiburg im Breisgau 2007).

Die Hinweise auf der *rechten Seite* deuten die Zeichen und Worte der Tauffeier und sollen helfen, den konkreten Ausdruck unseres Glaubens zu entschlüsseln.

Dazwischen sind immer wieder *kurze Hinweise* mit konkreten Gestaltungsvorschlägen auf »Notizzetteln« eingefügt. Die Abkürzung »GL« bezeichnet das neue Gotteslob, »U« das Liederbuch Unterwegs. Im *Anhang* finden Sie weitere Liedvorschläge und Materialien.

Die Feier der Kindertaufe

Aufbau der Feier

ERÖFFNUNG
Begrüßung
Fragen an Eltern und Paten
Bezeichnung mit dem Kreuz
Gebet

WORTGOTTESDIENST
Prozession zum Ort des Wortgottesdienstes
Schriftlesung(en)
Homilie / Predigt
Anrufung der Heiligen und Fürbitten
Gebet um Schutz vor dem Bösen (Exorzismus-Gebet)
Salbung mit Katechumenenöl oder Handauflegung

TAUFFEIER
Prozession zum Taufort
Lobpreis und Anrufung Gottes über dem Wasser
Absage und Glaubensbekenntnis
Taufe

AUSDEUTENDE RITEN
Salbung mit Chrisam
Bekleidung mit dem weißen Taufgewand
Übergabe der brennenden Kerze
[Effata-Ritus]

ABSCHLUSS
Prozession zum Altarraum
Gebet des Herrn
Segen und Entlassung
[Gang zum Marienbild]

Eröffnung

Der Zelebrant geht mit den Ministranten zum Eingang oder in den Teil der Kirche, wo sich die Eltern und Paten mit dem zu taufenden Kind und der übrigen Taufgemeinde versammelt haben.

Begrüßung

Der Zelebrant kann die Feier mit dem Kreuzzeichen und einem liturgischen Gruß eröffnen. Mit einem persönlichen Wort wendet er sich an die Anwesenden, besonders an die Eltern und Paten. Gegebenenfalls werden die Familien der Gemeinde vorgestellt.

Der Beginn der Tauffeier am Eingang der Kirche zeigt an, dass wir Christen uns als Weggemeinschaft verstehen und erleben. Niemand kann seinen Lebensweg alleine gehen. Immer sind wir aufeinander angewiesen. So treffen wir uns am Eingang der Kirche, um miteinander den Weg zu gehen, den Weg des Glaubens an Jesus Christus, der selbst der Weg und die Wahrheit und das Leben ist.

> Zum Einzug eignet sich Instrumentalmusik. Stehen Vorsänger zur Verfügung, kann natürlich auch gesungen werden, beispielsweise:
> Kommt herbei, singt dem Herrn (GL 140 / U 147).
> Weitere Vorschläge finden sich im Anhang.

Wenn wir uns als Christen treffen, zumal zur Feier der Taufe, ist es angebracht, dieses Treffen mit dem Kreuzzeichen zu beginnen. Jetzt wie immer, wenn wir das Kreuzzeichen machen, können wir dazu denken: »Wir sind / ich bin getauft im Namen des Vaters und des Sohnes und des Heiligen Geistes.« Um den Weg wirklich in Gemeinschaft gehen zu können, ist es ggf. angebracht, sich wenigstens kurz kennen zu lernen und vorzustellen.

> Wurde nicht zum Einzug gesungen, kann dies zur Eröffnung geschehen. Hier bieten sich an:
> Lobe den Herren (GL 392 / U 260),
> Komm her, freu dich mit uns (GL 148),
> Ihr seid das Volk, das der Herr sich ausersehn (GL 483).
> Weitere Vorschläge finden sich im Anhang.

Fragen an Eltern und Paten

Der Zelebrant wendet sich mit den folgenden oder mit ähnlichen Worten an die Eltern:

Zelebrant: Welchen Namen haben Sie Ihrem Kind gegeben?

Eltern und Paten: N.

Zelebrant: Was erbitten Sie von der Kirche Gottes für N.?

Die Eltern antworten mit freien oder folgenden Worten:

Eltern: Die Taufe. *Oder:* Den Glauben. *Oder:* Dass es ein Christ wird. *Oder:* Dass es in Jesus Christus zum neuen Leben geboren wird. *Oder:* Dass es in die Gemeinschaft der Kirche aufgenommen wird.

Nun spricht der Zelebrant zu den Eltern mit etwa folgenden Worten:

Zelebrant: Liebe Eltern, Sie möchten, dass N. getauft wird. Das bedeutet für Sie: Sie sollen Ihr Kind im Glauben erziehen und es lehren, Gott und den Nächsten zu lieben, wie Jesus es vorgelebt hat. Sie sollen mit Ihrem Kind beten und ihm helfen, seinen Platz in der Gemeinschaft der Kirche zu finden. Sind Sie dazu bereit?

Eltern: Ich bin bereit.

Dann wendet sich der Zelebrant an die Paten mit etwa folgenden Worten:

Zelebrant: Liebe Paten, die Eltern dieses Kindes haben Sie gebeten, das Patenamt zu übernehmen. Sie sollen Ihr Patenkind auf dem Lebensweg begleiten, es im Glauben mittragen und es hinführen zu einem Leben in der Gemeinschaft der Kirche. Sind Sie bereit, diese Aufgabe zu übernehmen und damit die Eltern zu unterstützen?

Paten: Ich bin bereit.

Damit alle Anwesenden wissen, wie das Kind heißen soll, wird der Name nochmals ausgesprochen. An dieser Stelle könnte man ebenfalls ansprechen, welchen Namenspatron das Kind hat und wann es seinen Namenstag feiert. Hinweise zu Namenspatronen finden Sie in einem Namenstagskalender (siehe Seite 121).

Die vielfältigen Antworten auf die Frage nach dem Wunsch der Eltern machen deutlich: Getauft werden hat viele Aspekte – und die Antwort ist auch ein Bekenntnis des eigenen Glaubens.

> Die Fragen müssen nicht in der vorgeschlagenen Form verwendet werden. Es ist vorstellbar, dass die Eltern die Bitte um die Taufe frei aussprechen und dabei auf ihre Beweggründe für die Taufe sowie den Namen des Kindes und den Namenspatron eingehen.

Ein Kind ist noch nicht in der Lage, dem Glauben zuzustimmen. Deshalb bekennen die Eltern ihren eigenen Glauben. Er ist ihnen so wichtig, dass sie ihn an ihr Kind weitergeben wollen und es mitnehmen in die Weggemeinschaft der Christen.

Die Paten sollen auf ihre Weise an der Erziehung im Glauben mitwirken, sie sollen dem Kind also Weggefährten sein im umfassenden Sinn. Sie erklären sich für diesen Dienst bereit. Sie sind Zeugen des Glaubens.

*Nun kann sich der Zelebrant mit folgenden oder ähnlichen Worten
an alle Anwesenden wenden:*

Zelebrant: Liebe Brüder und Schwestern, dieses Kind soll einmal selbst auf den Ruf Jesu Christi antworten. Dazu braucht es
die Gemeinschaft der Kirche, dazu braucht es unsere Mithilfe
und Begleitung.

Für diese Aufgabe stärke uns Gott durch seinen Heiligen Geist.

Bezeichnung mit dem Kreuz

Zelebrant: N., mit großer Freude empfängt dich die Gemeinschaft der Glaubenden. Im Namen der Kirche bezeichne ich
dich mit dem Zeichen des Kreuzes.

*Der Zelebrant zeichnet schweigend dem Kind das Kreuz auf die
Stirn. Dann lädt er auch Eltern, Paten und Geschwister ein, dasselbe zu tun.*

Zelebrant: Auch deine Eltern und Paten werden dieses Zeichen
Jesu Christi, des Erlösers, auf deine Stirn zeichnen.

Nach Eltern und Paten richtet sich der Zelebrant an alle Anwesenden, um an den Ernst des Versprechens der Weggemeinschaft zu erinnern: Als Christen sind wir verpflichtet, einander gegenseitig von der Hoffnung und Freude Zeugnis zu geben, die uns prägt, weil wir Glaubende sind (vgl. 1 Petrus 3,15). Dies gilt natürlich besonders im Hinblick auf den Täufling, der in den Glauben und die Gemeinschaft der Glaubenden hineinwachsen soll.

Das Kreuz ist das Erkennungszeichen der Christen. Christus hat uns am Kreuz erlöst, hat den Tod überwunden und uns neues und ewiges Leben erworben. Deshalb zeichnen wir dieses Zeichen voll Freude über uns selbst oder über andere, um uns an die Erlösung durch Christus zu erinnern – und das nicht nur bei der Taufe, sondern abends vor dem Schlafen, beim Aufstehen oder immer dann, wenn wir uns selbst, ein Kind oder eine andere Person der liebenden Nähe Gottes vergewissern wollen.

> Sind bei der Feier weitere Kinder anwesend, können diese ebenfalls mit dem Kreuz bezeichnet werden. Das kann entweder durch den Zelebranten oder die jeweiligen Eltern geschehen.

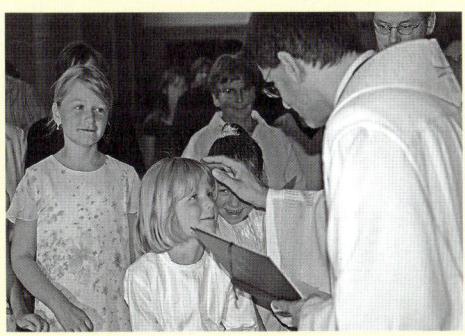

Gebet

Zum Abschluss der Eröffnung kann der Zelebrant das folgende
Gebet sprechen:
Zelebrant:
Lasset uns beten.
Gott, unser Vater,
du hast deinen Sohn Jesus Christus gesandt,
um alle Menschen als dein Volk zu sammeln.
Öffne N. die Tür in die heilige Kirche,
in die wir durch Glaube und Taufe eingetreten sind.
Stärke uns mit deinem Wort,
damit wir dank deiner Gnade den Weg zu dir finden
durch Jesus Christus, deinen Sohn,
unseren Herrn und Gott,
der in der Einheit des Heiligen Geistes
mit dir lebt und herrscht in alle Ewigkeit.
Alle: Amen.

Das Gebet fasst zusammen, was durch die vorherigen Elemente schon deutlich geworden ist: Wir sind versammelt, weil uns Gott gerufen hat. Und wir gehen einen Weg miteinander, den Er durch sein Wort begleitet, das unseren Glauben stärken will. Dieses Wort wird uns im folgenden Teil der Feier, dem so genannten Wortgottesdienst, auf unsere Situation hin zugesprochen.

Wortgottesdienst

Prozession zum Ort des Wortgottesdienstes

Die Versammelten ziehen gemeinsam zum Ort des Wortgottesdienstes; dies kann mit einem passenden Gesang begleitet werden. Die Wortverkündigung kann mit folgenden oder ähnlichen Worten eingeleitet werden:

Zelebrant: Gott schenkt den Glauben, ohne den es keine Taufe gibt. Deshalb hören wir jetzt sein Wort, damit der Glaube in uns wächst.

Nun zieht die Versammlung vom Eingang gemeinsam zum Ort des Wortgottesdienstes, also dem Ambo. Dort wird das Wort Gottes verkündet. Gott selber spricht zu seinem Volk. Das Wort Gottes ruft den Glauben hervor, stärkt ihn, lässt ihn wachsen (vgl. Römerbrief 10,17).

> Gesangsvorschläge für den Gang zum Ambo finden sich im Anhang.

Schriftlesung(en)

Der Wortgottesdienst umfasst wenigstens eine biblische Lesung (gegebenenfalls mit einem Gesang zur Lesung) und die Homilie. Es können biblische Texte verwendet werden, die von der Tauffamilie ausgewählt wurden. Die Lesungen vor dem Evangelium werden von jemand aus dem Kreis der bei der Feier anwesenden Gläubigen vorgetragen, nach Möglichkeit weder vom Zelebranten noch von den Eltern.

In der Verkündigung des Wortes Gottes werden Gottes Heilstaten lebendig. So wie Gott in biblischer Zeit sein Heil gewirkt
hat, soll dies heute geschehen, ganz konkret am Täufling, den
Gott als sein Kind annimmt.

Da es in der Feier des Wortes Gottes um die Verlebendigung
von Gottes Heilswirken geht, können nur Lesungen aus der
Bibel verwendet werden. Mindestens eine Lesung wird ausgewählt, es können aber auch bis zu zwei Lesungen (je eine
aus dem Alten und Neuen Testament) und ein Evangelium
verkündet werden (siehe Vorbereitungsbogen Seite 118–119).
Besonders eignen sich:
Römerbrief 6,3–5: In der Taufe sind wir mit Christus gestorben und haben Anteil an seiner Auferstehung.
Markusevangelium 1,9–11: Die Taufe Jesu im Jordan.
Der Text sowie weitere Vorschläge finden sich im Anhang.

Nach der ersten Lesung kann ein Antwortgesang folgen,
der den Kerngedanken des biblischen Textes aufgreift. Sehr
geeignet sind dazu Psalmen mit einem Kehrvers. Der Psalm
wird gesungen, notfalls vorgetragen. Z. B.:
Der Herr ist mein Hirt: Psalm 23 (GL 37),
Mein Hirt ist Gott der Herr (GL 421 / U 106),
Der Herr ist mein Licht und mein Heil: Psalm 27 (GL 38),
Danket Gott, denn er ist gut (GL 402).

Wird ein Evangelium vorgetragen, kann dies vorher mit
einem Ruf begrüßt werden. Dazu eignen sich:
Halleluja (GL 175,2),
Ihr seid das Volk, das der Herr sich ausersehn (GL 483).
In der Fastenzeit: Lob dir, Christus (GL 176,5).

Homilie / Predigt

Die Predigt des Zelebranten knüpft an die liturgischen Texte an und führt in das Taufmysterium ein. Auch geht der Prediger auf die daraus erwachsende Verpflichtung vor allem der Eltern und Paten ein. Nach der Predigt (oder auch im Zusammenhang mit den Fürbitten) wird eine Zeit des Schweigens empfohlen, in der auf Einladung des Zelebranten alle in Stille beten. Gegebenenfalls kann ein geeigneter Gesang folgen.

Anrufung der Heiligen und Fürbitten

Die Anrufung der Heiligen kann an dieser Stelle oder als Gesang bei der Prozession zum Taufort vollzogen werden.

Erfolgt die Anrufung der Heiligen jetzt, so lädt der Zelebrant dazu mit etwa folgenden Worten ein:

Zelebrant: Wer getauft wird, wird aufgenommen in die Gemeinschaft der Heiligen, die uns im Glauben vorangegangen sind und bei Gott für uns eintreten. Deshalb rufen wir jetzt miteinander die Heiligen an, vor allem den Namenspatron des Kindes.

Die Homilie, also die Predigt, deutet die biblische Botschaft auf die konkrete Situation hier und heute.

> Nach der Predigt kann man ein Lied singen. Dieses könnte z. B. die Leitidee der Predigt aufgreifen und weiterführen. Entsprechend sollte die Auswahl abgestimmt sein.
>
> Dazu könnten geeignet sein:
> Wir sind getauft auf Christi Tod (GL 329,3),
> Gott gab uns Atem, damit wir leben (GL 468 / U 49),
> Der Geist des Herrn (GL 347).

Eine erste Antwort der Gläubigen auf die Zusage von Gottes Heil in der Schriftverkündigung sind die Anrufung der Heiligen und die Fürbitten: Wir haben gehört, dass Gott Heil gewirkt hat in biblischer Zeit. Nun bitten wir um sein Heil in unserer konkreten familiären, kirchlichen und gesellschaftlichen Situation.

Bei der Anrufung der Heiligen wird nochmals deutlich, dass wir durch die Taufe hineingenommen werden in die Kirche, die große Gemeinschaft der Kinder Gottes auf Erden und im Him-

Kantor:	Heilige Maria, Mutter Gottes.
Alle:	Bitte für uns.
Kantor:	Heiliger Johannes der Täufer.
Alle:	Bitte für uns.
Kantor:	Heiliger Josef.
Alle:	Bitte für uns.
Kantor:	Heiliger Petrus und heiliger Paulus.
Alle:	Bittet für uns.

Es können weitere Heilige angerufen werden, besonders der Namenspatron oder die Namenspatronin des Kindes, die Patrone der Kirche und des Ortes.

Die Anrufung der Heiligen schließt:

Kantor:	Alle Heiligen Gottes.
Alle:	Bittet für uns.

Es folgen die Fürbitten, zu denen der Zelebrant mit etwa folgenden Worten überleitet:

Zelebrant: In dieser großen Gemeinschaft der Heiligen bitten wir unseren Herrn Jesus Christus, er möge in Liebe auf dieses Kind schauen, auf seine Eltern, auf seine Paten, (auf seine Geschwister,) auf unsere ganze Gemeinde und auf die Kirche in aller Welt.

mel. Die Heiligen, natürlich besonders der Namenspatron bzw. die Namenspatronin des Kindes, werden als Fürsprecher verstanden, die bei Gott für uns eintreten und für uns beten, gerade in Zeiten, wenn wir es nicht können.

Bei der Heiligenlitanei, die auch gesungen werden kann (Melodie GL 556,4), sollen weitere Heilige eingefügt werden. Das können neben dem Namenspatron des Kindes auch die Namenspatrone der Eltern und Paten und die weiterer anwesender Kinder bzw. Erwachsener sein, natürlich auch die Patrone der Kirche oder des Ortes.

Gott ist es nicht gleichgültig, wie es uns geht. Er will unser Heil. In seinem Sohn Jesus Christus ist er zu uns gekommen. Weil er uns nahe ist, dürfen wir uns mit unseren Fürbitten, die unsere persönlichen Anliegen wie die der ganzen Welt umfassen können, an ihn wenden.

Fürbitten sind immer persönlich und sollten auch die ganz konkreten Anliegen aufgreifen. Im Anhang finden sich Formulierungsvorschläge, die angepasst werden müssen (siehe Seite 110–111).

Gebet um Schutz vor dem Bösen (Exorzismus-Gebet)

Nach den Fürbitten streckt der Zelebrant beide Hände über das Kind aus und spricht das Gebet um Schutz vor dem Bösen:

Zelebrant:
Herr, allmächtiger Gott,
du hast deinen eingeborenen Sohn gesandt
und durch ihn den Menschen,
die in der Sünde gefangen waren,
die Freiheit der Kinder Gottes geschenkt.
Wir bitten dich für dieses Kind.
In unserer Welt
ist es vielfältigen Versuchungen ausgesetzt
und muss gegen die Nachstellungen
des Teufels kämpfen.
Durch die Kraft des Leidens
und der Auferstehung deines Sohnes
befreie es von der Erbschuld
und der Verstrickung in das Böse.
Stärke es mit der Gnade Christi
und behüte es allezeit auf dem Weg seines Lebens
durch ihn, Christus, unsern Herrn.
Alle: Amen.

Wir alle erfahren immer wieder Böses in unserem Leben. Und manchmal verursachen wir sogar selbst Böses für andere. Das wünscht sich niemand, ist aber leider so. Oft wird dieses Phänomen verdrängt oder vergessen. In der Tauffeier wird es offen angesprochen und Gott genau darin um seine Hilfe angegangen: Wir wissen, dass die ganze Schöpfung – weil sie von Gott kommt – von ihrem Ursprung her gut ist. Daher muss selbstverständlich auch dem Täufling nicht der Teufel ausgetrieben werden, wie der traditionelle Name »Exorzismus-Gebet« missverstanden werden könnte. Es geht darum, Gottes Hilfe für den Täufling zu erbitten, dass er vom Bösen bewahrt werde und das Gute wirke. Und das gilt jetzt bei der Taufe wie für das ganze Leben.

Salbung mit Katechumenenöl oder Handauflegung

Wenn der Zelebrant die Kinder mit Katechumenenöl salbt,
spricht er:

 Zelebrant: Durch diese Salbung stärke und schütze dich
      die Kraft Christi, des Erlösers,
      der lebt und herrscht in alle Ewigkeit.
   Alle: Amen.

Das Kind wird an der Brust mit Katechumenenöl gesalbt.
Wenn die Salbung nicht vorgenommen wird, spricht der Zelebrant:

 Zelebrant: Es stärke und schütze dich
      die Kraft Christi, des Erlösers, der lebt
      und herrscht in alle Ewigkeit.
   Alle: Amen.

Danach legt der Zelebrant dem Kind schweigend die Hände auf.

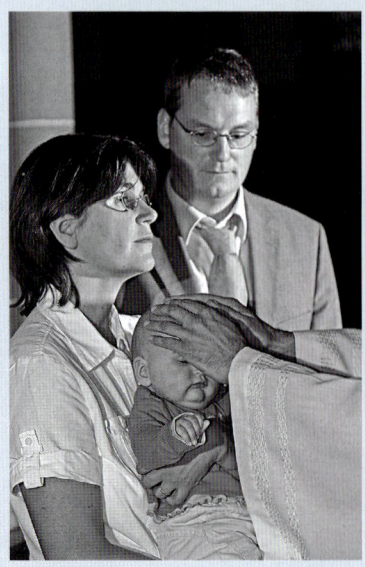

Dem Gebet um Schutz vor dem Bösen wird durch die Salbung mit dem Katechumenenöl oder die Handauflegung noch mehr Nachdruck verliehen. Eine uralte Vorstellung steht dahinter: Um von dem Gegner nicht ergriffen werden zu können, salbten sich die Ringkämpfer in der Antike mit Öl ein. Dazu kam die Vorstellung, dass das Öl den Muskeln Kraft verleiht. Zugleich schützt Öl. Das wissen wir und reiben uns auch im alltäglichen Bereich mit Salben oder z. B. mit Sonnenschutzöl ein. Das Katechumenenöl ist ein Zeichen für die Kraft Christi, mit der das Kind ausgerüstet wird, zum Schutz für sein ganzes Leben.

Das kann ebenfalls durch die Auflegung der Hände zum Ausdruck kommen. Dadurch wird deutlich, dass Gott behüten und beschützen will. Er stillt unser Verlangen nach Geborgenheit und Schutz.

Die Salbung erfolgt auf der Brust. Deshalb sollte die Kleidung des Kindes dort leicht geöffnet werden können, um diese Salbung vorzunehmen.

Tauffeier

*Die Taufe findet am Taufbrunnen statt. Wenn sich die Gemeinde
dort nicht versammeln kann, wird an einem geeigneten Ort im
Blickfeld der Gemeinde getauft.*

*Wenn die Taufe am Ort des Wortgottesdienstes stattfindet, tre-
ten Eltern und Paten heran, die übrigen Anwesenden bleiben an
ihrem Platz.*

Prozession zum Taufort

*Die Gemeinde (oder zumindest die Gruppe der unmittelbar Betei-
ligten) zieht in Prozession zum Taufort; dabei kann die Anrufung
der Heiligen oder ein anderer passender Gesang gesungen werden,
z. B. Psalm 23.*

Lobpreis und Anrufung Gottes über dem Wasser

*Am Taufort lädt der Zelebrant die Gemeinde mit folgenden oder
ähnlichen Worten zum Gebet ein:*

Zelebrant: Lasst uns beten zu Gott, dem allmächtigen Vater,
dass er diesem Kind aus dem Wasser und dem Heiligen Geist
neues Leben schenke.

Stille

Der Weg geht weiter. Nachdem im Wort Gottes sein Heil verkündet wurde und wir eine erste Antwort gegeben haben, folgt ein Weg als eine weitere Antwort im übertragenen Sinne: Durch das Wort Gottes im Glauben gestärkt gehen wir zum Taufbrunnen und sagen: »Ja, dieses Kind soll getauft werden, um als Kind Gottes zu leben.«

Die Prozession zum Taufort kann wieder musikalisch begleitet werden, instrumental oder mit Gesang, vor allem wenn eine Vorsängergruppe vorhanden ist.

Dazu eignen sich:
Psalm 42 (GL 42),
Der Geist des Herrn (GL 347),
Eine große Stadt ersteht (GL 479 / U 23).
Weitere Lieder, die vor der Taufe gesungen werden können, finden sich im Anhang.

Wasser kann bedrohlich sein, wie Naturkatastrophen immer wieder zeigen. Ohne Wasser gibt es aber auch kein Leben. In der Taufe wird dies deutlich. Gott verbindet sein Heilswirken in dieser Welt mit dem Wasser. Es wird zum Zeichen der Liebe und Güte Gottes und drückt seinen Heilswillen aus.

Wir preisen dich, allmächtiger, ewiger Gott.

Mit unsichtbarer Macht wirkst du das Heil der Menschen durch sichtbare Zeichen.

Auf vielfältige Weise hast du das Wasser dazu erwählt, dass es hinweise auf das Geheimnis der Taufe.

Schon im Anfang der Schöpfung schwebte dein Geist über dem Wasser und schenkte ihm die Kraft, zu retten und zu heiligen. Selbst die Sintflut ist ein Bild für die Taufe; denn das Wasser brachte der Sünde den Untergang und heiligem Leben einen neuen Anfang.

Die Kinder Abrahams hast du trockenen Fußes durch das Rote Meer geführt und sie befreit aus der Knechtschaft des Pharao. So sind sie ein Bild der Getauften, die du befreit hast aus der Knechtschaft des Bösen.

Wir preisen dich, Gott, allmächtiger Vater, für deinen geliebten Sohn Jesus Christus. Er wurde von Johannes im Jordan getauft und von dir gesalbt mit Heiligem Geiste. Als er am Kreuz erhöht war, flossen aus seiner Seite Blut und Wasser.

Nach seiner Auferstehung gab er den Jüngern den Auftrag: »Geht zu allen Völkern und macht alle Menschen zu meinen Jüngern und tauft sie auf den Namen des Vaters und des Sohnes und des Heiligen Geistes.«

Wir bitten dich, allmächtiger, ewiger Gott, schau gnädig auf deine Kirche und öffne ihr den Brunnen der Taufe. Dieses Wasser empfange vom Heiligen Geist die Gnade deines eingeborenen Sohnes.

Wenn außerhalb der Osterzeit kein Taufwasser vorhanden ist, wird dieses eigens gesegnet. Die Segensworte hierzu werden auch in der Osternacht gebetet, sodass der Zusammenhang der Taufe mit dem Ostergeschehen deutlich wird. Dieser wichtige Text enthält zentrale Motive. Hier bietet die gottesdienstliche Feier eine einzigartige Deutung dessen, was die Kirche in der Taufe feiert, und erschließt den Mitfeiernden, was sich in der Taufe ereignet. Der Segenstext erinnert im ersten Teil zunächst an die großen Heilstaten Gottes: Am Anfang der Schöpfung, als der Geist Gottes über den Wassern schwebte, schuf Gott einen Lebensraum für den Menschen; in der Sintflut wusch er die Sünden der Menschen weg und schenkte neues Leben; beim Durchzug durch das Rote Meer befreite Gott sein Volk aus der Gefangenschaft; in Jesus Christus schließlich, der sich im Jordan hat taufen lassen und aus dessen Seite am Kreuz Wasser und Blut flossen, schenkt er denen, die an ihn glauben, in der Auferstehung ewiges Leben. Aus diesen Heilstaten Gottes schöpfen die Gläubigen die Zuversicht, dass Gott auch heute so heilvoll an ihnen handelt. So rufen sie im zweiten Teil des Segensgebetes das kraftvolle Wirken des Heiligen Geistes herab, damit das Wasser der Taufe von aller Schuld reinige und der Mensch zu neuem Leben aufersteht. So heißt es im Segensgebet: »Durch deinen Sohn steige herab in dieses Wasser die Kraft des Heiligen Geistes, damit alle, die durch die Taufe mit Christus begraben sind in seinen Tod, mit ihm zum Leben auferstehn.« Aus dem Wasser entsteht das neue Leben aus Gott, das der Täufling empfangen soll. So gilt der Lobpreis letztlich dem Kind, an dem Gott sein Heil wirken will.

Neben dem hier vorgestellten Lobpreis gibt es noch weitere Auswahltexte, die den mehrfachen Ruf der Versammlung »Wir loben dich – Wir preisen dich« enthalten. Dieser lebendige Vollzug macht die Lebendigkeit des Wassers durch Gottes Kraft besonders deutlich.

Die Menschen, die du als dein Abbild geschaffen hast, reinige im Sakrament der Taufe von der alten Schuld. Aus Wasser und Heiligem Geist geboren, lass sie auferstehn zum neuen Leben.

Der Zelebrant berührt das Wasser mit der rechten Hand und spricht:
Durch deinen Sohn steige herab in dieses Wasser die Kraft des Heiligen Geistes, damit alle, die durch die Taufe mit Christus begraben sind in seinen Tod, mit ihm zum Leben auferstehn. Darum bitten wir durch Jesus Christus, deinen Sohn, unsern Herrn und Gott, der in der Einheit des Heiligen Geistes mit dir lebt und herrscht in alle Ewigkeit.
Alle: Amen.

Absage und Glaubensbekenntnis
Der Zelebrant spricht zu den Eltern und Paten mit folgenden Worten:
Zelebrant:
Liebe Eltern und Paten,
Gott liebt Ihr Kind und schenkt ihm durch den Heiligen Geist im Wasser der Taufe das neue Leben. Damit dieses göttliche Leben vor der Sünde bewahrt bleibt und beständig wachsen kann, sollen Sie Ihr Kind im Glauben erziehen. Wenn Sie, kraft Ihres Glaubens und im Gedenken an Ihre eigene Taufe, bereit sind, diese Aufgabe zu erfüllen, so sagen Sie nun dem Bösen ab und bekennen Sie Ihren Glauben an Jesus Christus, den Glauben der Kirche, in dem Ihr Kind getauft wird.

Wir haben im Verlauf der Tauffeier schon beides angetroffen: Gottes Heil und das Phänomen des Bösen. Mit der Absage an das Böse und dem Glaubensbekenntnis sind wir an einer Entscheidung angelangt. Ein Kind kann sich nicht entscheiden. Es kann auch noch nicht glauben, nicht Gut und Böse oder Wahr und Falsch unterscheiden. Wir Erwachsenen können es. Und wir müssen es dem Kind vermitteln. Deshalb fordert die Tauffeier unsere Absage und unser Bekenntnis. Das Kind soll in unserer Gemeinschaft aufwachsen und an Jesus Christus glauben lernen. Dies ist auch deshalb entscheidend für die Tauffeier, weil ohne diese Voraussetzung die Taufe eines unmündigen Kindes keinen Sinn hat: Eltern und Paten verpflichten sich mit der ganzen Gemeinde zur christlichen Erziehung des Kindes.

Dann fragt der Zelebrant die Eltern und Paten:

      Zelebrant: Widersagt ihr dem Satan?

Eltern und Paten: Ich widersage.

      Zelebrant: Und all seinen Werken?

Eltern und Paten: Ich widersage.

      Zelebrant: Und all seinen Verlockungen?

Eltern und Paten: Ich widersage.

Oder eine andere der vorgesehenen Formen.

Danach fragt der Zelebrant Eltern und Paten nach ihrem Glauben:

      Zelebrant: Glaubt ihr an Gott, den Vater, den Allmächtigen, den Schöpfer des Himmels und der Erde?

Eltern und Paten: Ich glaube.

      Zelebrant: Glaubt ihr an Jesus Christus,
seinen eingeborenen Sohn, unseren Herrn,
der geboren ist von der Jungfrau Maria,
der gelitten hat, gestorben ist und begraben wurde,
von den Toten auferstand
und zur Rechten des Vaters sitzt?

Weil die Eltern und Paten die ersten Zeugen des Glaubens für ihr Kind sind, sagen sie zuerst dem Bösen ab und bekennen ihren Glauben.

Entscheidung heißt in diesem Zusammenhang auch, dem Bösen abzusagen. Es ist umstritten, ob man das Böse als »Person« betrachten und mit dem Namen »Satan« bezeichnen kann. Die Liturgie schließt sich an dieser Stelle dem biblischen Wortgebrauch Christi an. Sie folgt einer jahrhundertealten Wortwahl, in der sich die Glaubenserfahrung vieler Menschen niederschlägt.

Auch beim Bekenntnis kommt ein uralter Text zum Tragen, in dem die Glaubenserfahrung vieler Generationen zum Ausdruck kommt. Es ist das Bekenntnis an den dreifaltigen Gott, den Vater, den Sohn und den Heiligen Geist. Äußerst knapp ist darin die Summe des christlichen Glaubens enthalten, des Glaubens, der an den Täufling weitergegeben werden soll.

Das Bekenntnis an den dreieinen Gott ist das Bekenntnis an Gott den Vater, der uns seine Liebe schenkt, an Gott den Sohn Jesus Christus, der uns die Liebe und das Heil Gottes in dieser Welt erfahren lässt, und an Gott den Heiligen Geist, der uns Gemeinschaft mit Gott und untereinander schenkt und uns Beistand und Tröster ist.

Da nicht nur die Eltern und Paten für das Kind Zeugen des Glaubens sind, sondern alle Gläubigen, können alle in dieses Bekenntnis einstimmen.

Eltern und Paten: Ich glaube.

Zelebrant: Glaubt ihr an den Heiligen Geist,
die heilige katholische Kirche,
die Gemeinschaft der Heiligen,
die Vergebung der Sünden,
die Auferstehung der Toten und das ewige
Leben?

Eltern und Paten: Ich glaube.

*Die Gemeinde kann mit dem (Apostolischen oder Großen) Glau-
bensbekenntnis oder einem Glaubenslied ihre Zustimmung ausdrücken. Dazu lädt der Zelebrant etwa mit folgenden Worten ein:*

Zelebrant: Das ist unser Glaube, der Glaube der Kirche, zu dem
wir uns jetzt gemeinsam bekennen:

*Es folgt das Apostolische oder Große Glaubensbekenntnis oder ein
Glaubenslied.*

Taufe

*Der Zelebrant bittet die Tauffamilie an den Taufbrunnen heranzu-
treten. Die Mutter oder der Vater trägt das Kind. Gegebenenfalls
wird das Kind jetzt entkleidet.*

Der Zelebrant spricht zu den Eltern und Paten:

Zelebrant: Liebe Familie N., nachdem wir jetzt gemeinsam den Glauben der Kirche bekannt haben,
frage ich Sie: Wollen Sie, dass Ihr Kind nun
in diesem Glauben die Taufe empfängt?

Eltern und Paten: Ja (wir wollen es).

*Wo es möglich ist, kann das Kind durch Untertauchen getauft wer-
den. Wenn durch Übergießen getauft wird, kann das Kind in das
Taufbecken gesetzt oder von der Mutter oder dem Vater über das*

Das Große Glaubensbekenntnis findet sich im Gotteslob unter der Nr. 586.2A, das Apostolische unter Nr. 3,4. Das Glaubensbekenntnis der Gemeinde – nicht jedoch das Bekenntnis der Eltern und Paten – kann mit einem Glaubenslied erfolgen.

Dazu eignen sich:
Das Glaubensbekenntnis (GL 177–180),
Fest soll mein Taufbund (Diözesananhang GL),
Ich bin getauft und Gott geweiht (GL 491).
Weitere Vorschläge finden sich im Anhang.

Die erneute Frage nach dem Taufwunsch der Eltern verdeutlicht den Zusammenhang von Glauben und Sakramentenempfang. Nur wer glaubt, kann ein Sakrament empfangen. Ein Kind kann die Taufe nur empfangen, weil sich die Eltern und Paten verbürgen, es im Glauben zu erziehen. Darauf zielt diese Frage ab. In Absage und Glaubensbekenntnis haben die Eltern und Paten ihren persönlichen Glauben bekannt. Jetzt erfolgt das Versprechen, diesen Glauben an das Kind weiterzugeben, und die Bitte um die Taufe.

Taufbecken gehalten werden. Der Zelebrant schöpft Wasser aus
dem Taufbecken und übergießt das Kind mit diesem Wasser.

Dabei spricht er:
Zelebrant:
N., ich taufe dich im Namen des Vaters
(erstes Untertauchen oder Übergießen)
und des Sohnes
(zweites Untertauchen oder Übergießen)
und des Heiligen Geistes.
(drittes Untertauchen oder Übergießen)

Die Gemeinde kann außerhalb der österlichen Bußzeit einen Hal-
leluja-Ruf singen. Sie kann auch einen anderen geeigneten Gesang
anstimmen.

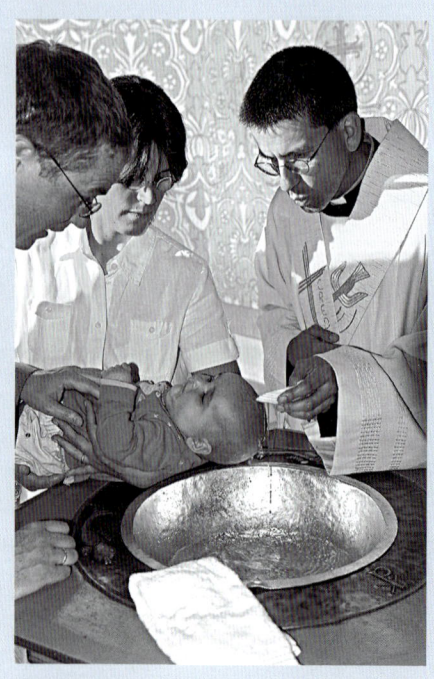

Lange Zeit wurde auch bei uns durch Untertauchen getauft. Dadurch wird deutlich: In der Taufe sind wir mit Christus gestorben und mit ihm auferstanden zu neuem Leben (vgl. Römerbrief 6,3–11). Die Neugeburt aus dem Wasser und dem Heiligen Geist kommt beim Untertauchen deutlicher zum Ausdruck. Genauso ist es möglich, durch Übergießen zu taufen. Hierbei kommt der Reinigungsaspekt eher zum Tragen: In der Taufe wird der Täufling befreit von Schuld und Sünde. Keiner der beiden Aspekte hat alleinige Gültigkeit. Das Wasser bringt beides zum Ausdruck: Wasser bedeutet Leben, und Wasser bedeutet Reinheit.

Unmittelbar nach der Taufe ist es möglich, eine Akklamation, also einen kurzen Liedruf, oder auch ein Lied zu singen, um die Freude über die Taufe auszudrücken. Das kann außerhalb der österlichen Bußzeit durch einen Halleluja-Ruf erfolgen (GL 174–176 oder 483 / U 167–172). Es eignen sich ebenso der Kanon »Lobet und preiset, ihr Völker, den Herrn« (GL 408) oder »Freut euch: Wir sind Gottes Volk« (GL 56,1 / U 245.2). Da man um das Taufbecken steht, sollte auswendig gesungen werden können. Die Freude über die Taufe kann zusätzlich durch Glockengeläut ihren Ausdruck finden. Dies ist zugleich eine Mitteilung an die ganze Gemeinde.

Ausdeutende Riten

Salbung mit Chrisam

Der Zelebrant spricht:

Zelebrant: Der allmächtige Gott, der Vater unseres Herrn Jesus Christus, hat dich von der Schuld Adams befreit und dir aus dem Wasser und dem Heiligen Geist neues Leben geschenkt. Aufgenommen in das Volk Gottes wirst du nun mit dem heiligen Chrisam gesalbt, damit du für immer ein Glied Christi bleibst, der Priester, König und Prophet ist in Ewigkeit.

Alle: Amen.

Danach salbt der Zelebrant das Kind schweigend mit Chrisam auf dem Scheitel.

Die »Ausdeutenden Riten« wollen verdeutlichen, was in dem einfachen Vorgang bei der Taufe passiert ist.

Die Salbung mit Chrisam – einer kostbaren Mischung aus Olivenöl und Balsam, die der Bischof in der Chrisammesse am Gründonnerstag weiht – greift die alttestamentliche Symbolik der Salbung auf. Priester, Könige und Propheten wurden als Zeichen ihrer Bevollmächtigung gesalbt. Diese drei Ämter hat Christus – der Name heißt übersetzt »der Gesalbte« – in seiner Person als Gottessohn vollendet. Durch die Taufe haben wir Anteil an seinem Priester-, König- und Prophetentum, was seinen sprechenden Ausdruck in der Chrisamsalbung findet. Der wohlriechende Chrisam wurde schon früh als Ausdruck der Gottheit Christi verstanden. Im duftenden Salböl kommt die Würde der Gotteskinder zum Ausdruck.

Bekleidung mit dem weißen Taufgewand

Der Zelebrant spricht:

Zelebrant: N., in der Taufe bist du eine neue Schöpfung geworden und hast – wie die Schrift sagt – Christus angezogen. Das
weiße Gewand sei dir ein Zeichen für diese Würde. Bewahre sie
für das ewige Leben.

Dann wird dem Kind das weiße Gewand angezogen.

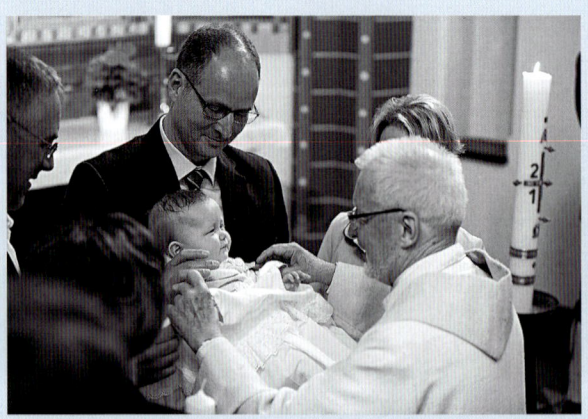

Übergabe der brennenden Kerze

Wo es möglich ist, nimmt der Zelebrant die brennende Osterkerze.
Er lädt zum Entzünden der Taufkerze ein:

Zelebrant: Empfange das Licht Christi.

Der Vater oder jemand anderes aus der Familie entzündet die Tauf-
kerze an der Osterkerze.

Dann spricht der Zelebrant:

Zelebrant:

Liebe Eltern und Paten,
Ihnen wird dieses Licht anvertraut. Christus, das Licht der
Welt, hat Ihr Kind erleuchtet. Es soll als Kind des Lichtes leben,

Die Getauften sind in Christus neu geworden und haben, wie es Paulus sagt, Christus als Gewand angelegt (vgl. Galaterbrief 3,27). Ein äußeres Gewand ist mehr als ein Bekleidungsstück. Es drückt eine innerliche Wahrheit und Einstellung aus, die auch auf die damit bekleidete Person zurückwirkt. Das weiße Taufgewand ist sprechender Ausdruck für die Reinheit und Neuschöpfung, die mit der Taufe verbunden ist und sagt: Du bist neu geworden durch die Taufe.

> Die Bekleidung mit dem weißen Taufgewand ist nur dann ein sprechendes Zeichen, wenn sie auch erfolgt. Das heißt, dem Kind sollte wirklich ein weißes Taufkleid angezogen werden, das es dann auch eine Zeitlang trägt, wenigstens bis zum Ende der Feier. Manche Familien haben alte Taufkleider, die schon Generationen bei der Taufe getragen haben.

Christus ist von den Toten auferstanden. Diese Glaubensüberzeugung wird jedes Jahr in der Osternacht gefeiert, wenn die Osterkerze in die dunkle Kirche hereingetragen und mit dem dreifachen Ruf »Christus, das Licht« begrüßt wird. Dieses eine Licht – Christus – wird dann weitergegeben und erhellt die ganze Kirche. Not, Tod und Dunkelheit verwandelt Gott in Christus zu Leben, Freude und Zuversicht. Die Taufe ist so etwas wie das persönliche Ostern: Weil der Täufling mit Christus stirbt und zum neuen und ewigen Leben aufersteht, erhält er mit der Taufkerze seine persönliche Osterkerze. Diese sagt: Das Leben, das Christus erworben hat und im Osterlicht seinen Ausdruck findet, sich im Glauben bewähren und dem Herrn und allen Heiligen entgegengehen, wenn er kommt in Herrlichkeit.

Das Licht kann an die anderen anwesenden Kinder und die übrige Gemeinde weitergegeben werden.

Effata-Ritus

An dieser Stelle kann der Effata-Ritus eingefügt werden. Wo die Umstände es nahelegen, kann er auch am Ambo vollzogen werden, besonders wenn der Wortgottesdienst dort gefeiert wurde.
Der Zelebrant spricht:
Zelebrant: N., der Herr lasse dich heranwachsen, und wie er mit dem Ruf »Effata« dem Taubstummen die Ohren und den Mund geöffnet hat, öffne er auch dir Ohren und Mund,
(Hier berührt der Zelebrant Ohren und Mund des Kindes.)
dass du sein Wort vernimmst und den Glauben bekennst zum Heil der Menschen und zum Lobe Gottes.

leuchtet dir ganz persönlich. Dieses Licht des Lebens in Christus kann nie und nimmermehr ausgelöscht werden!

Die anwesenden Kinder und alle Gläubigen können ebenfalls ihre Taufkerzen oder andere Kerzen an der Osterkerze entzünden. So kommt zum Ausdruck: Wir Getaufte sind Kinder des Lichts.

Der Effata-Ritus weist wieder zurück auf den Wortgottesdienst. Das Kind ist zwar getauft, kann aber den christlichen Glauben noch nicht bekennen. Deshalb muss es zuerst den Glauben kennen lernen, also die Heilige Schrift hören, um ihn dann mit dem Mund bekennen zu können. Deshalb werden Ohren und Mund berührt. Das geschieht in Anlehnung an das Vorbild Jesu, der einen Taubstummen geheilt hat (vgl. Markusevangelium 7,31–37). Der Ruf »Effata«, also »Öffne dich«, ist hier im übertragenen Sinn gemeint: Das Kind soll offen sein für die Botschaft des Glaubens, sie im Herzen aufnehmen und mit dem Mund bezeugen.

Lob- und Danklieder, die sich zum Singen nach der Taufe anbieten, finden sich im Anhang.

Abschluss

Prozession zum Altarraum

Die Gemeinde zieht in Prozession zum Altar. Die brennende Kerze des Neugetauften wird mitgetragen. Dabei soll nach Möglichkeit gesungen werden.

Gebet des Herrn

Am Altar spricht der Zelebrant zu den Eltern, Paten und allen Anwesenden mit folgenden oder ähnlichen Worten:

Zelebrant: Liebe Schwestern und Brüder, dieses Kind wurde durch die Taufe neu geboren und so heißt und ist es Kind Gottes. In der Firmung wird es die Fülle des Heiligen Geistes empfangen. Es wird zum Altar des Herrn treten, teilhaben am Tisch seines Opfers und inmitten der Kirche Gott seinen Vater nennen. In gleicher Weise hat Gott uns als seine Kinder angenommen; daher beten wir auch im Namen des neugetauften Kindes, wie der Herr uns zu beten gelehrt hat:

Der Abschluss der Tauffeier findet am Altar statt. Hier kommt nochmals die Wegsymbolik der Tauffeier zum Sprechen. Der gemeinsame Weg begann am Eingang der Kirche, führte zum Ambo als Ort des Hörens auf Gottes Wort, weiter zum Taufbrunnen, an dem das Sakrament der Taufe gefeiert wurde. Von dort aus geht es weiter: Auch im weiteren Leben bleibt die Weggemeinschaft mit Gott und den Schwestern und Brüdern, die an Christus glauben, erhalten.

> Die Prozession zum Altar kann ebenfalls musikalisch begleitet werden, instrumental oder mit Gesang, vor allem wenn eine Vorsängergruppe vorhanden ist.
>
> Dazu eignen sich:
> Der Himmel geht über allen auf (U 39; als Kanon),
> Dank sei dir, Vater (GL 484),
> Hoch sei gepriesen (GL 384),
> Psalm 47 (GL 44).

Diese weitere Weggemeinschaft wird in den einleitenden Worten zum Vaterunser thematisiert. Gott begleitet uns auf unserem Lebensweg beständig, ohne Unterbrechung. Auch dann, wenn wir es nicht merken oder spüren. Um uns daran zu erinnern, beten wir immer wieder, feiern Liturgie und zu besonderen Gelegenheiten Sakramente, die uns auf dem Lebensweg begleiten, wie die Firmung, die Erstkommunion oder die Hochzeit. Diese Wegbegleitung Gottes findet ihren schönsten Ausdruck in der Eucharistie, die wir Sonntag für Sonntag, ja Tag für Tag feiern

Alle sprechen (oder singen) gemeinsam das Gebet des Herrn:
Alle:
Vater unser im Himmel,
 geheiligt werde dein Name.
Dein Reich komme.
Dein Wille geschehe, wie im Himmel so auf Erden.
Unser tägliches Brot gib uns heute.
Und vergib uns unsere Schuld,
 wie auch wir vergeben unsern Schuldigern.
Und führe uns nicht in Versuchung,
 sondern erlöse uns von dem Bösen.
Denn dein ist das Reich und die Kraft und die Herrlichkeit
in Ewigkeit.
Amen.

Segen und Entlassung

Dann segnet der Zelebrant die Mutter, die ihr Kind in den Armen hält,
den Vater und alle Anwesenden. Der Zelebrant spricht den Segen:

Zelebrant: Der allmächtige Gott erfüllt die christlichen Mütter mit freudiger Zuversicht: Durch seinen Sohn, der Mensch geworden ist aus Maria, der Jungfrau, verheißt er ihren Kindern ewiges Leben. Er segne die Mutter, die jetzt für ihr (neugeborenes) Kind dankt, und lasse sie allezeit mit ihm dankbar bleiben in Christus Jesus, unserem Herrn.

Alle: Amen.

Zelebrant: Der allmächtige Gott, der irdisches und himmlisches Leben schenkt, segne den Vater dieses Kin-

und in der uns Christus Brot des Lebens wird, das uns Kraft schenkt für unseren Weg. Deshalb ist der Altar als Ort für den Abschluss der Feier zugleich Ausblick und Verheißung der Treue Gottes.

Das Vaterunser ist das Gebet derer, die an Christus glauben. Christus hat seinen Jüngern aufgetragen, so zu beten. Wir dürfen Gott als »unseren Vater« ansprechen. Das ist eine Würde, eine Auszeichnung, zu der wir Christen berufen sind. Das Kind kann das noch nicht, aber die übrigen anwesenden Kinder Gottes können das und dürfen – mehr noch: sollen – das auch tun.

> Natürlich kann das Vaterunser auch gesungen werden. Neben der aus der Messe bekannten Melodie des Vaterunsers (GL 589,2) eigenen sich auch moderne Vertonungen, z. B.: Vater unser im Himmel (U 192 oder U 194).

Beim Segen breitet der Zelebrant die Arme über die zu segnenden Personen aus – ein Zeichen der Liebe und Zuwendung Gottes, der uns bergend und schützend hält.

Unser deutsches Wort »segnen« kommt vom Lateinischen »signare«, was soviel wie »bezeichnen« heißt. Beim Segen werden wir mit dem Kreuz bezeichnet, das für die Christen zum Zeichen des Lebens geworden ist, Leben aus Christus und ohne Ende. Das wird für die Mutter, den Vater, das neugetaufte Kind, die Paten und alle anderen Anwesenden erbeten. Dafür gibt es verschiedene Segenstexte.

des. Zusammen mit der Mutter soll er durch Wort und Beispiel erster Zeuge des Glaubens für dieses Kind sein in Christus Jesus, unserem Herrn.

Alle: Amen.

Zelebrant: Der allmächtige Gott, der uns aus Wasser und Heiligem Geist zum ewigen Leben neu geboren hat, schenke den Paten dieses Kindes und allen Gläubigen seinen reichen Segen, damit sie immer und überall lebendige Glieder seines heiligen Volkes sind. Allen aber, die hier versammelt sind, gebe er seinen Frieden in Christus Jesus, unserem Herrn.

Alle: Amen.

Zelebrant: Euch alle segne der allmächtige Gott,
der Vater und der Sohn und der Heilige Geist.

Alle: Amen.

Zelebrant: Gehet hin in Frieden.

Alle: Dank sei Gott, dem Herrn.

In der Osterzeit wird dem Entlassungsruf und der Antwort das Halleluja angefügt.

Am Schluss der Tauffeier kann ein Dank- oder Segenslied
gesungen werden:
Großer Gott, wir loben dich (GL 380),
Der Herr segne und behüte uns (U 117; als Kanon),
Komm, Herr, segne uns (GL 451 / U 199),
Lasst und loben (GL 489 / U 136).
Weitere Vorschläge finden sich im Anhang.

Gang zum Marienbild

Wo es üblich ist, das Kind nach seiner Taufe vor ein Marienbild zu bringen, soll dieser Brauch erhalten bleiben. Dort kann ein Mariengebet gesprochen bzw. ein Marienlied gesungen werden.

Abschließend kann der Zelebrant die Tauffamilie beglückwünschen; ein Mitglied der Pfarrgemeinde kann ihnen ein Zeichen der Tauferinnerung als Geschenk der Gemeinde überreichen.

Maria wird als Mutter Gottes besonders verehrt. Sie hat in Jesus Christus Gottes Sohn zur Welt gebracht und kennt so die Nöte und Sorgen einer Mutter ganz genau. Sie als Fürsprecherin anzurufen, ist eine gute Tradition, vor allem unmittelbar nach der Taufe.

Beim Marienbild kann gemeinsam ein Gebet gesprochen werden, z. B. das »Ave Maria« (GL 3,5) oder »Unter deinen Schutz und Schirm« (GL 5,7). Ein Marienlied kann ebenfalls gesungen werden, etwa das Magnifikat (GL 631,4 oder 395) oder »Maria, breit den Mantel aus« (GL 534). Weitere Vorschläge finden sich im Anhang. In manchen Gegenden ist es Brauch, vor dem Marienbild Kerzen für das neugetaufte Kind zu entzünden und dazu ein stilles Gebet zu sprechen.

Die Feier der Kindertaufe in zwei Stufen

Die Feier der Kindertaufe in zwei Stufen ist eine gute Lösung, wenn Sie, die Eltern, eine längere gemeinsame Vorbereitung auf die Taufe Ihres Kindes wünschen. Es ist sinnvoll, diesen Weg mit einem Gottesdienst zu beginnen. Diese Feier sollten Sie zusammen mit den Paten und anderen Gemeindemitgliedern, die Sie auf dem Glaubensweg begleiten, vorbereiten und begehen.

Im Wesentlichen teilt diese Lösung die Feierelemente der Taufe auf zwei Gottesdienste auf. Es entspricht sogar viel eher der ursprünglichen und in der frühen Kirche üblichen Anordnung der Elemente, die Bezeichnung mit dem Kreuz und die Salbung mit Katechumenenöl unabhängig und vor der Taufe in einem eigenständigen Gottesdienst zu feiern. Hier haben diese Riten ihren originären Platz, da sie als Zeichenhandlungen ausdrücklich den Weg zur Taufe eröffnen (Bezeichnung mit dem Kreuz) und den Taufbewerber auf dem Weg zur Taufe stärken (Salbung mit Katechumenenöl). Auch heute noch haben diese Zeichenhandlungen in einem eigenständigen Gottesdienst ihren Ort, wenn ein Erwachsener sich auf die Taufe vorbereitet.

Die erste Stufenfeier umfasst im Einzelnen nach der Eröffnung einen Lobpreis Gottes und Dank für die Geburt, den Wortgottesdienst und die feierliche Eröffnung des Weges mit Befragung der Eltern, Bezeichnung mit dem Kreuz, Anrufung der Heiligen und Fürbitten, Gebet um Schutz vor dem Bösen, Salbung mit Katechumenenöl und Danksagung. Diese Elemente entfallen dann bei der späteren Tauffeier.

Um eine bessere Übersicht zu erhalten, finden Sie im Folgenden den Ablauf und die liturgischen Texte für die Feier der Taufe in zwei Stufen, wobei die eigentliche Tauffeier identisch bleibt, sodass auf den Abschnitt oben verwiesen werden kann. Die Erschließung der Riten und Texte der Tauffeier finden Sie ebenfalls im Vorangegangenen. Hingegen sind für die erste Stufenfeier die

Erschließungshilfen wie im Kapitel zuvor auf der rechten Seite gegenüber dem liturgischen Text abgedruckt. Sollten Sie auf die hier vorgeschlagenen Lieder zur Gestaltung der ersten Stufenfeier zurückgreifen, können Sie bei der späteren Tauffeier natürlich aus den angebotenen Alternativen auswählen. Die hier abgedruckten Texte des liturgischen Buches gehen von mehreren Kindern aus. Die Formulierungen müssen bei einem Kind selbstverständlich angepasst werden.

Feier der Kindertaufe in zwei Stufen:
A. Die Feier zur Eröffnung des Weges zur Taufe

Aufbau der Feier

ERÖFFNUNG
Begrüßung, Einführung, Einzug
Besinnung auf die Namensgebung

LOBPREIS GOTTES UND DANK FÜR DIE GEBURT

WORTGOTTESDIENST
Schriftlesung(en)
Homilie / Predigt

ERÖFFNUNG DES WEGES
Befragung
Bezeichnung mit dem Kreuz
Anrufung der Heiligen und Fürbitten
Gebet um Schutz vor dem Bösen (Exorzismus-Gebet)
Salbung mit Katechumenenöl
Dankgesang

ABSCHLUSS
Segen und Entlassung

Eröffnung

Begrüßung, Einführung, Einzug

Wenn die Tauffamilien und die übrigen bei der Feier anwesenden Gläubigen im Eingangsbereich der Kirche versammelt sind, begrüßt der Zelebrant die Anwesenden und führt in die Feier ein. Die Versammelten ziehen anschließend gemeinsam zum Ort des Wortgottesdienstes; dazu kann ein passender Gesang gesungen werden.

Besinnung auf die Namensgebung

Der Zelebrant kann von den Eltern nacheinander die Namen ihrer Kinder erfragen mit folgenden oder ähnlichen Worten:
Zelebrant: Welchen Namen haben Sie Ihrem Kind gegeben?
Eltern und Paten: N.

Der Zelebrant kann auf den Sinn der Namensgebung mit folgenden oder ähnlichen Worten hinweisen:
Zelebrant: Liebe Eltern, Sie haben Ihren Kindern die Namen N. und N. gegeben. Diese Namen werden die Kinder auf ihrem

Der Beginn der Feier am Eingang der Kirche zeigt an, dass wir Christen uns als Weggemeinschaft verstehen und erleben. Niemand kann seinen Lebensweg alleine gehen. Immer sind wir aufeinander angewiesen. So treffen wir uns am Eingang der Kirche, um miteinander den Weg zu gehen, den Weg des Glaubens an Jesus Christus, der der Weg und die Wahrheit und das Leben ist.

Zum Einzug eignet sich Instrumentalmusik. Stehen Vorsänger zur Verfügung, kann natürlich auch gesungen werden, beispielsweise:
Kommt herbei, singt dem Herrn (GL 140 / U 147),
Lobe den Herren (GL 392 / U 260),
Komm her, freu dich mit uns (GL 148 / U 146),
Ihr seid das Volk, das der Herr sich ausersehn (GL 483).
Weitere Vorschläge finden sich im Anhang.

Die Besinnung auf die Namensgebung kann ihren Platz am Beginn der ersten Stufenfeier haben. Die Frage nach dem Namen des Kindes ist ein guter Anlass darüber nachzudenken, dass dieser Name das Kind auf dem Lebensweg begleiten wird. Mehr noch: Untrennbar ist der Name, den die Eltern ihrem Kind geben, verwoben mit dem Menschen selbst. Der Name macht deutlich: Dieser Mensch ist individuell und unverwechselbar. Er ist keine Nummer, sondern wird bei seinem Namen gerufen – nicht nur von seinen Mitmenschen, auch von Gott, der zu ihm sagt:

Lebensweg begleiten; mit diesen Namen werden Sie Ihre Kinder anreden. (Die Heiligen, die einst diese Namen trugen, sollen ihren Kindern Vorbilder sein und Fürsprecher bei Gott.)

An dieser Stelle ist es sinnvoll, auf die Bedeutung der verschiedenen Namen hinzuweisen. Gegebenenfalls kann aus dem Leben der Namenspatrone etwas erzählt oder vorgelesen werden. Angebracht ist auch der Hinweis auf den Brauch der jährlichen Namenstagsfeier.

»Ich habe dich bei deinem Namen gerufen, du gehörst zu mir.«
(Jesaja 43,1) So ist der Name eines Menschen Ausdruck der persönlichen Beziehung zu Gott.

Zugleich ist der Name Hinweis auf einen Heiligen als Namenspatron, dessen Leben dem Kind ein Vorbild sein kann. Der Namenspatron kann zum Begleiter und Vorbild auf dem Lebensweg werden. Er ist ein Fürsprecher bei Gott. Der jährliche Gedenktag des Namenspatrons, der Namenstag, lädt dazu ein, dankbar der eigenen Taufe zu gedenken und sich der Gnade zu erinnern, die wir Getaufte empfangen haben.

Lobpreis Gottes und Dank für die Geburt

Zelebrant: Lasst uns dem Herrn, unserm Gott, danken.

Stille

Vorbeter: Gott, unser Vater, wir danken dir für das
Geschenk des Lebens.

Kantor: Gott, du bist gut.

Alle: Wir loben dich, wir danken dir.

Vorbeter: Wir danken dir für N. und N.

Kantor: Gott, du bist gut.

Alle: Wir loben dich, wir danken dir.

Vorbeter: Wir danken dir, dass diese Kinder gesund sind.

Kantor: Gott, du bist gut.

Alle: Wir loben dich, wir danken dir.

Vorbeter: Wir danken dir für die Freude, die du uns durch
diese Kinder schenkst.

Kantor: Gott, du bist gut.

Alle: Wir loben dich, wir danken dir.

Vorbeter: Wir danken dir, dass du diese Kinder zum Glauben an Jesus Christus rufst.

Kantor: Gott, du bist gut.

Alle: Wir loben dich, wir danken dir.

Zelebrant: Gott, Ursprung allen Lebens, du hast diese Kinder
ins Dasein gerufen und sie in deine Hand geschrie-
ben. Schenke N. und N. deinen reichen Segen und
führe sie zur Taufe, der Quelle des neuen Lebens,
durch Jesus Christus, unseren Herrn.

Alle: Amen.

*Es gibt alternative Gebete für Situationen, in denen etwa die Sorgen,
die mit der Geburt eines kranken Kindes verbunden sind, oder andere
Umstände einzelne Eltern stark belasten und die Freude überdecken.
Abschließend kann ein Loblied gesungen werden.*

Ein neugeborenes Kind auf dem Arm strahlt eine eigenartige Faszination aus. Klein und zerbrechlich wirkt es, und trägt trotzdem die Verheißung eines Lebens in Fülle in sich. Unwillkürlich steigt Dankbarkeit auf für dieses neue Leben. Diese kommt in Lobpreis und Dank zum Ausdruck. Beide erinnern uns daran, dass wir das Leben nicht aus uns selber haben, dass wir das Leben nicht machen können, sondern zutiefst verdanken: Gott, dem Schöpfer aller Dinge. Und Gott will, dass dieses Leben ein Leben in Fülle wird. Jesus Christus sagt: »Ich bin gekommen, damit sie das Leben haben und es in Fülle haben« (Johannesevangelium 10,10). Das Leben in Fülle kann ein Mensch nur aus dem Glauben an Gott heraus empfangen. Diesen Weg des Glaubens soll ein Kind gehen, wenn es getauft werden soll. Auch dafür dürfen wir dankbar sein und diesen Dank vor Gott ausdrücken.

Zum lebendigeren Vollzug kann und soll nach Möglichkeit die Akklamation »Gott du bist gut – Wir loben dich, wir danken dir« gesungen werden. Die Noten sind im liturgischen Buch abgedruckt. Es gibt auch noch weitere passende, ähnliche Liedrufe wie z. B. GL 401; 402,1; 444.

Das liturgische Buch bietet insgesamt drei Varianten des Dankgebets. Die erste davon ist hier abgedruckt. Beraten Sie gegebenenfalls mit Ihrem Geistlichen, ob eine andere Fassung besser auf Ihre persönliche und familiäre Situation passt.

Wortgottesdienst

Schriftlesung(en)

Der Wortgottesdienst umfasst wenigstens eine biblische Lesung (gegebenenfalls mit einem Gesang zur Lesung) und die Homilie bzw. Predigt. Es können biblische Texte verwendet werden, die von den Tauffamilien ausgewählt wurden. Die Lesungen vor dem Evangelium werden von jemand aus dem Kreis der bei der Feier anwesenden Gläubigen vorgetragen, nach Möglichkeit weder vom Zelebranten noch von den Eltern.

Homilie / Predigt

Die Predigt des Zelebranten erschließt von der Schrift her den Sinn der Feier. Falls es angebracht ist, kann an dieser Stelle den Eltern eine Bibel überreicht werden mit dem Hinweis, dass unser Glaube auf dem Wort Gottes beruht und dass die Vorbereitung auf die Taufe das Hören des Wortes Gottes erfordert. Auf die Predigt kann ein Lied oder Stille folgen.

In der Verkündigung des Wortes Gottes werden Gottes Heilstaten lebendig. So wie Gott in biblischer Zeit sein Heil gewirkt hat, soll es heute geschehen, ganz konkret an den Kindern, die Gott auf ihrem Weg zur Taufe begleitet.

Da es in der Feier des Wortes Gottes um die Verlebendigung von Gottes Heilswirken geht, können nur Lesungen aus der Bibel verwendet werden. Mindestens eine Lesung wird ausgewählt, es können aber auch bis zu zwei Lesungen aus dem Alten und Neuen Testament und ein Evangelium verkündet werden.

Besonders eignen sich:
Jesaja 44,1–5: Ich gieße meinen Segen über deine Kinder.
Markusevangelium 1,1–5.14–15: Kehrt um, und glaubt an das Evangelium!
Lukasevangelium 18,15–17: Lasst die Kinder zu mir kommen!
Die Texte sowie weitere Lesungsvorschläge finden sich im Anhang.

Der Antwortgesang nach der Lesung sollte den Kerngedanken des biblischen Textes aufgreifen. Sehr geeignet sind dazu Psalmen mit einem Kehrvers. Falls man nicht singen kann, kann man den Psalm auch vortragen.

Geeignete Gesänge sind:
Der Herr ist mein Hirt: Psalm 23 (GL 37),
Mein Hirt ist Gott der Herr (GL 421 / U 106).

Als Lied nach der Predigt eignet sich z. B.:
Segne dieses Kind (GL 490),
Lass uns in deinem Namen (GL 446 / U 56).

Eröffnung des Weges

Befragung

Zelebrant: Liebe Eltern, Sie möchten, dass Ihre Kinder getauft werden. Das bedeutet für Sie: Sie sollen Ihre Kinder im Glauben erziehen und sie lehren, Gott und den Nächsten zu lieben, wie Jesus es vorgelebt hat. Sie sollen mit ihnen beten und ihnen helfen, ihren Platz in der Gemeinschaft der Kirche zu finden. Sind Sie dazu bereit?

Eltern: Ich bin bereit.

Zelebrant: Liebe Paten, die Eltern dieser Kinder haben Sie gebeten, das Patenamt zu übernehmen. Sie sollen Ihre Patenkinder auf dem Lebensweg begleiten, sie im Glauben mittragen und sie hinführen zu einem Leben in der Gemeinschaft der Kirche. Sind Sie bereit, diese Aufgabe zu übernehmen und damit die Eltern zu unterstützen?

Paten: Ich bin bereit.

Zelebrant: Liebe Brüder und Schwestern, diese Kinder sollen einmal selbst auf den Ruf Jesu Christi antworten. Dazu brauchen sie die Gemeinschaft der Kirche, dazu brauchen sie unsere Mithilfe und Begleitung. Für diese Aufgabe stärke uns Gott durch seinen Heiligen Geist.

Ein Kind ist noch nicht in der Lage, dem eigenen Glauben zuzustimmen. Deshalb bekennen die Eltern ihren eigenen Glauben. Er ist ihnen so wichtig, dass sie ihn an ihr Kind weitergeben wollen und es mitnehmen in die Weggemeinschaft der Christen.

Die Paten sollen auf ihre Weise an der Erziehung im Glauben mitwirken, also Weggefährten sein im umfassenden Sinn. Sie erklären sich für diesen Dienst bereit. Sie sind Zeugen des Glaubens.

Nach Eltern und Paten richtet sich der Zelebrant an alle Anwesenden, um an den Ernst des Versprechens der Weggemeinschaft zu erinnern: Als Christen sind wir verpflichtet, einander gegenseitig von der Hoffnung und Freude Zeugnis zu geben, die uns prägt, weil wir Glaubende sind (vgl. 1. Petrusbrief 3,15). Dies gilt natürlich besonders im Hinblick auf die Kinder, die in den Glauben und die Gemeinschaft der Glaubenden hineinwachsen sollen.

Bezeichnung mit dem Kreuz

Zelebrant: N. und N., mit großer Freude empfängt euch die Gemeinschaft der Glaubenden. Im Namen der Kirche bezeichne ich euch mit dem Zeichen des Kreuzes.

Der Zelebrant zeichnet schweigend jedem Kind einzeln das Kreuz auf die Stirn.

Dann lädt er auch Eltern, Paten und Geschwister ein, dasselbe zu tun.

Zelebrant: Auch eure Eltern und Paten werden dieses Zeichen Jesu Christi, des Erlösers, auf eure Stirn zeichnen.

Wo es angebracht ist, kann der Zelebrant auch Augen, Ohren, Mund und Hände der Kinder mit dem Kreuz bezeichnen und dabei sprechen:

Zur Bezeichnung der Augen:
Ich bezeichne deine Augen mit dem Kreuz,
damit du sehen lernst, was Jesus tut.

Zur Bezeichnung der Ohren:
Ich bezeichne deine Ohren mit dem Kreuz,
damit du hörst, was Jesus sagt.

Zur Bezeichnung des Mundes:
Ich bezeichne deinen Mund mit dem Kreuz,
damit du dem Ruf Jesu antwortest.

Zur Bezeichnung der Hände:
Ich bezeichne deine Hände mit dem Kreuz,
damit du tust, was Jesus lehrt.

Das Kreuz ist das Erkennungszeichen der Christen. Christus hat uns am Kreuz erlöst, hat den Tod überwunden und uns neues und ewiges Leben erworben. Deshalb zeichnen wir dieses Zeichen voll Freude über uns selber oder über andere, um uns an die Erlösung durch Christus zu erinnern. Und das nicht nur im Gottesdienst, sondern abends vor dem Schlafen, beim Aufstehen oder immer dann, wenn wir uns selbst, ein Kind oder eine andere Person der liebenden Nähe Gottes vergewissern wollen.

Sind bei der Feier weitere Kinder anwesend, können diese ebenfalls mit dem Kreuz bezeichnet werden. Das kann entweder durch den Zelebranten oder die jeweiligen Eltern geschehen.

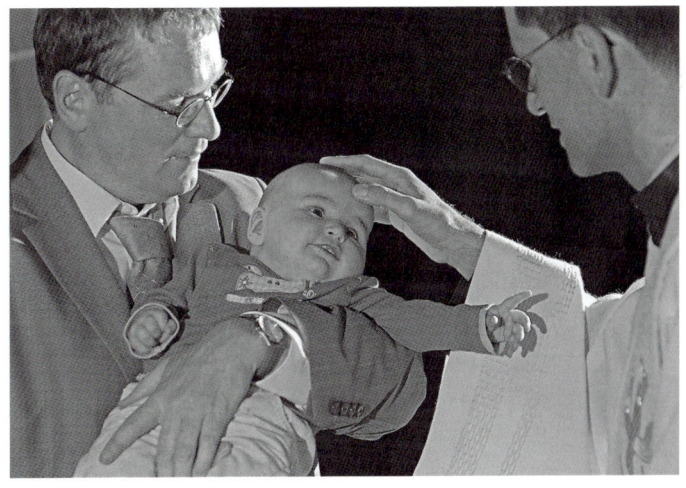

Anrufung der Heiligen und Fürbitten

Zelebrant: Wer getauft wird, wird aufgenommen in die Gemeinschaft der Heiligen, die uns im Glauben vorangegangen sind und bei Gott für uns eintreten. Deshalb rufen wir jetzt miteinander die Heiligen an, vor allem die Namenspatrone der Kinder.

Kantor: Heilige Maria, Mutter Gottes.

Alle: Bitte für uns.

Kantor: Heiliger Johannes der Täufer.

Alle: Bitte für uns.

Kantor: Heiliger Josef.

Alle: Bitte für uns.

Kantor: Heiliger Petrus und heiliger Paulus.

Alle: Bittet für uns.

Es können weitere Heilige angerufen werden, besonders die Namenspatrone der Kinder, die Patrone der Kirche und des Ortes. Die Anrufung der Heiligen schließt:

Kantor: Alle Heiligen Gottes.

Alle: Bittet für uns.

Es folgen die Fürbitten, die durch den Zelebranten eingeleitet werden. Es ist sinnvoll, dass die Fürbitten von den bei der Feier anwesenden Gläubigen vorbereitet und gesprochen werden. Dabei soll für die Kinder und ihre Angehörigen, aber auch in den Anliegen der Kirche und der ganzen Welt gebetet werden. So könnten die Fürbitten beispielsweise lauten:

Zelebrant: In dieser großen Gemeinschaft der Heiligen bitten wir unseren Herrn Jesus Christus für diese Kinder, für unsere Gemeinde und für die ganze Kirche.

Die Anrufung der Heiligen und die Fürbitten sind gewissermaßen eine Antwort der Gläubigen auf die Zusage von Gottes Heil in der Schriftverkündigung: Wir haben gehört, dass Gott Heil gewirkt hat in biblischer Zeit. Nun bitten wir um sein Heil in unserer konkreten familiären und gesellschaftlichen Situation.

Bei der Anrufung der Heiligen wird nochmals deutlich, dass wir als Christen hineingenommen werden in die Kirche, die große Gemeinschaft der Kinder Gottes auf Erden und im Himmel. Die Heiligen, natürlich besonders der Namenspatron bzw. die Namenspatronin des Kindes werden als Fürsprecher verstanden, die bei Gott für uns eintreten und für uns beten, gerade in Zeiten, wenn wir es nicht können.

> Bei der Heiligenlitanei, die auch gesungen werden kann (Melodie GL 556,4), sollen weitere Heilige eingefügt werden. Das können neben dem Patron des Kindes auch die Patrone der Eltern und Paten und die weiterer anwesender Kinder bzw. Erwachsener sein, natürlich auch die Patrone der Kirche oder des Ortes.

Gott ist es nicht gleichgültig, wie es uns geht. Er will unser Heil. In seinem Sohn Jesus Christus ist er zu uns gekommen. Weil er uns nahe ist, dürfen wir uns mit unseren Fürbitten, die unsere persönlichen Anliegen wie die der ganzen Welt umfassen können, an ihn wenden.

> Fürbitten sind immer persönlich und sollten auch die ganz konkreten Anliegen aufgreifen. Im Anhang finden sich Formulierungsvorschläge, die natürlich angepasst werden müssen (siehe Seite 112).

Gebet um Schutz vor dem Bösen (Exorzismus-Gebet)

Zum Abschluss der Fürbitten streckt der Zelebrant beide Hände über die Kinder aus und spricht:

Zelebrant:

Herr Jesus Christus,

du hast Kindern die Hände aufgelegt und sie gesegnet. Schütze diese Kinder und halte von ihnen fern, was schädlich und unmenschlich ist. Bewahre sie vor Satans Macht, damit sie dir in Treue folgen. Lass sie in ihren Familien geborgen sein und gib ihnen Sicherheit und Schutz auf den Wegen ihres Lebens, der du lebst und herrschest in Ewigkeit.

Alle: Amen.

Salbung mit Katechumenenöl

Der Zelebrant salbt jetzt die Kinder an der Brust mit Katechumenenöl. Bei der Salbung spricht er zu jedem Kind:

Zelebrant: Durch diese Salbung stärke und schütze dich die Kraft Christi, des Erlösers, der lebt und herrscht in alle Ewigkeit.

Alle: Amen.

In der Taufe wird der Täufling durch die Salbung mit Katechumenenöl gestärkt und erhält als Neugetaufter durch die Salbung mit Chrisam Anteil an der königlichen und priesterlichen Würde Christi. Daher werden die heiligen Öle manchmal in einem eigenen Schrein beim Taufbrunnen verwahrt (Rottenburger Dom).

Wir alle erfahren immer wieder Böses in unserem Leben. Und manchmal verursachen wir sogar selber Böses für andere. Das wünscht sich niemand, ist aber leider so. Oft wird dieses Phänomen verdrängt oder vergessen. In der Feier wird es offen angesprochen und Gott genau darin um seine Hilfe angegangen: Wir wissen, dass die ganze Schöpfung – weil sie von Gott kommt – von ihrem Ursprung her gut ist. Daher muss selbstverständlich auch dem Kind nicht der Teufel ausgetrieben werden, wie der traditionelle Name »Exorzismus-Gebet« missverstanden werden könnte. Es geht darum, Gottes Hilfe für das Kind zu erbitten, dass es vom Bösen bewahrt werde und das Gute wirke. Und das gilt jetzt wie für das ganze Leben.

Dem Gebet um Schutz vor dem Bösen wird durch die Salbung mit dem Katechumenenöl oder die Handauflegung noch mehr Nachdruck verliehen. Eine uralte Vorstellung steht dahinter: Um von dem Gegner nicht ergriffen werden zu können, salbten sich die Ringkämpfer in der Antike mit Öl ein. Dazu kam die Vorstellung, dass das Öl den Muskeln Kraft verleiht. Zugleich schützt Öl. Das wissen wir und reiben uns auch im alltäglichen Bereich mit Salben oder z. B. mit Sonnenschutzöl ein. Das Katechumenenöl ist ein Zeichen für die Kraft Christi, mit der das Kind ausgerüstet wird, zum Schutz für sein ganzes Leben. Das kann auch durch die Auflegung der Hände zum Ausdruck kommen.

Die Salbung erfolgt auf der Brust. Deshalb sollte die Kleidung des Kindes leicht geöffnet werden können, um diese Salbung vorzunehmen.

Dankgesang

Ein geeigneter Gesang kann den Dank zum Ausdruck bringen.

Abschluss

Segen und Entlassung

Zelebrant: Gott, der für uns da ist als guter Vater, schenke
euch Freude mit euren Kindern und segne euch.

Alle: Amen.

Zelebrant: Gott, der uns behütet und beschützt, segne euer
Sorgen um die Kinder und sei euch nahe zu jeder
Zeit.

Alle: Amen.

Zelebrant: Gott, der uns auf den Wegen des Lebens begleitet,
segne eure Gemeinschaft mit diesen Kindern
und verbinde euch in gegenseitiger Liebe.

Alle: Amen.

Der Zelebrant wendet sich allen bei der Feier anwesenden Gläubigen zu und spricht:

Zelebrant: Euch alle, die hier versammelt sind,
segne der allmächtige Gott,
der Vater und der Sohn + und der Heilige Geist.

Alle: Amen.

Zelebrant: Gehet hin in Frieden.

Alle: Dank sei Gott, dem Herrn.

Beim Segen breitet der Zelebrant die Arme über die zu segnenden Personen aus – ein Zeichen der Liebe und Zuwendung Gottes, der uns bergend und schützend hält.

Unser deutsches Wort »segnen« kommt vom Lateinischen »signare«, was soviel wie »bezeichnen« heißt. Beim Segen werden wir mit dem Kreuz bezeichnet, das für die Christen zum Zeichen des Lebens geworden ist, Leben aus Christus. Das wird für die Mutter, den Vater, die Kinder und Paten sowie alle anderen Anwesenden erbeten.

Feier der Kindertaufe in zwei Stufen
B. Die Feier der Taufe außerhalb der Feier der heiligen Messe

Die Feier der Taufe beschließt den Weg der gemeinsamen Vorbereitung. Sie soll nach Möglichkeit am Sonntag gefeiert werden, das heißt an dem Tag, an dem die Kirche das Gedächtnis der Auferstehung begeht. Jede Taufe ist eine Feier der Kirche. Deshalb ist es angemessen, dass die Taufe mit der Pfarrgemeinde gefeiert und in der Gottesdienstordnung bekannt gegeben wird.

Aufbau der Feier

ERÖFFNUNG
Begrüßung
Gebet

WORTGOTTESDIENST
Prozession zum Ort des Wortgottesdienstes
Schriftlesung(en)
Homilie / Predigt
Fürbitten

Die Feier wird fortgesetzt mit der TAUFFEIER (siehe oben).

Eröffnung

Der Zelebrant geht mit den Ministranten zum Eingang oder in den Teil der Kirche, wo sich die Eltern und Paten mit den Täuflingen und der übrigen Taufgemeinde versammelt haben.

Begrüßung

Der Zelebrant kann die Feier mit dem Kreuzeichen und einem liturgischen Gruß eröffnen. Gegebenenfalls werden die Familien der Gemeinde vorgestellt. Der Zelebrant soll auf die Zeit der Vorbereitung hinweisen und dabei auch an die Feier zur Eröffnung des Weges erinnern. Damals baten die Eltern um die Taufe ihrer Kinder und haben ihre Bereitschaft erklärt, die Kinder im Glauben zu erziehen. Auf den Tag der Taufe haben sich Eltern und Paten vorbereitet, indem sie auf das Wort Gottes gehört und ihren Glauben vertieft haben. Dann wendet sich der Zelebrant den Eltern zu, etwa mit den Worten:

Zelebrant: Liebe Eltern, heute sollen Ihre Kinder das Sakrament der Taufe empfangen. Ich bitte Sie, vor der Gemeinde auszusprechen, was Sie für Ihre Kinder von der Taufe erhoffen.

Die Eltern antworten mit freien oder folgenden Worten:
Eltern: Unser Kind soll ein Christ werden. *Oder:* Unser Kind soll in Jesus Christus zu neuem Leben wiedergeboren werden. *Oder:* N. soll in der Gemeinschaft der Kirche aufwachsen.

Gebet

Zum Abschluss der Eröffnung kann der Zelebrant das folgende Gebet sprechen:
Zelebrant:
Lasset uns beten.
Gott, unser Vater,
du hast deinen Sohn Jesus Christus gesandt,

um alle Menschen als dein Volk zu sammeln.
Öffne N. und N. die Tür in die heilige Kirche,
in die wir durch Glaube und Taufe eingetreten sind.
Stärke uns mit deinem Wort,
damit wir dank deiner Gnade den Weg zu dir finden
durch Jesus Christus, deinen Sohn, unseren Herrn und Gott,
der in der Einheit des Heiligen Geistes
mit dir lebt und herrscht in alle Ewigkeit.
Alle: Amen.

Wortgottesdienst

Prozession zum Ort des Wortgottesdienstes

*Die Versammelten ziehen gemeinsam zum Ort des Wortgottes-
dienstes; dies kann mit einem passenden Gesang begleitet werden.*

*Die Wortverkündigung kann mit folgenden oder ähnlichen Worten
eingeleitet werden:*
Zelebrant: Gott schenkt den Glauben, ohne den es keine Taufe
gibt. Deshalb hören wir jetzt sein Wort, damit der Glaube in
uns wächst.

Schriftlesung(en)

*Der Wortgottesdienst umfasst wenigstens eine biblische Lesung
(gegebenenfalls mit einem Gesang zur Lesung) und die Homilie bzw.
Predigt. Es können biblische Texte verwendet werden, die von den
Tauffamilien ausgewählt wurden. Die Lesungen vor dem Evangelium werden von jemand aus dem Kreis der bei der Feier anwesenden Gläubigen vorgetragen, nach Möglichkeit weder vom Zelebranten noch von den Eltern.*

Homilie / Predigt

Die Predigt des Zelebranten knüpft an die liturgischen Texte an und führt in das Taufmysterium ein. Auch geht er auf die daraus erwachsende Verpflichtung vor allem der Eltern und Paten ein. Nach der Predigt (oder auch im Zusammenhang mit den Fürbitten) wird eine Zeit des Schweigens empfohlen, in der auf Einladung des Zelebranten alle in Stille beten. Gegebenenfalls kann ein geeigneter Gesang folgen.

Fürbitten

Es folgen die Fürbitten, die von den bei der Feier anwesenden Gläubigen vorbereitet und gesprochen werden sollen. Dabei soll auch in den Anliegen der Kirche und der ganzen Welt gebetet werden. Ein Modell findet sich im Anhang (siehe Seite 110–111).

Der Gottesdienst wird fortgesetzt mit der TAUFFEIER (siehe oben Seite 44).

Materialien

Suchen – Finden

Lesungen

Im Folgenden ist eine thematisch geordnete Vorauswahl für die Bibeltexte des Wortgottesdienstes getroffen. Selbstverständlich können auch andere biblische Texte verwendet werden, vor allem, wenn der Name des Kindes darin vorkommt. Sie können den Text auswählen, der Ihrem Glaubensempfinden nach das ausdrückt, was Sie mit der Taufe Ihrem Kind mit auf den Weg geben wollen. Werden mehrere Texte genommen, kommen zuerst eine oder zwei Lesungen aus dem Alten und / oder Neuen Testament, nach der ersten Lesung ein Antwortgesang, dann der Ruf unmittelbar vor dem Evangelium (siehe Seite 107) und das Evangelium selbst.

Lesungen zur Tauffeier

Jesus liebt die Kinder
MARKUSEVANGELIUM 10,13–16
In jener Zeit brachte man Kinder zu Jesus, damit er ihnen die Hände auflegte. Die Jünger aber wiesen die Leute schroff ab. Als Jesus das sah, wurde er unwillig und sagte zu ihnen: Lasst die Kinder zu mir kommen; hindert sie nicht daran! Denn Menschen wie ihnen gehört das Reich Gottes. Amen, das sage ich euch: Wer das Reich Gottes nicht so annimmt, wie ein Kind, der wird nicht hineinkommen. Und er nahm die Kinder in seine Arme; dann legte er ihnen die Hände auf und segnete sie.

Weiterer Vorschlag: Matthäusevangelium 18,1–5

Gott sorgt sich um die Menschen
JESAJA 43,1–3A

So spricht der Herr, der dich geschaffen hat, Jakob, und der dich geformt hat, Israel: Fürchte dich nicht, denn ich habe dich ausgelöst, ich habe dich beim Namen gerufen, du gehörst mir. Wenn du durchs Wasser schreitest, bin ich bei dir, wenn durch Ströme, dann reißen sie dich nicht fort. Wenn du durchs Feuer gehst, wirst du nicht versengt, keine Flamme wird dich verbrennen. Denn ich, der Herr, bin dein Gott, ich, der Heilige Israels, bin dein Retter.

Weitere Vorschläge:
PSALM 23
RÖMERBRIEF 8,28–32
MATTHÄUSEVANGELIUM 6,25–34

Der Auftrag zu Taufen
MATTHÄUSEVANGELIUM 28,18–20

In jener Zeit trat Jesus auf die elf Jünger zu und sagte zu ihnen: Mir ist alle Macht gegeben im Himmel und auf der Erde. Darum geht zu allen Völkern und macht alle Menschen zu meinen Jüngern; tauft sie auf den Namen des Vaters und des Sohnes und des Heiligen Geistes, und lehrt sie, alles zu befolgen, was ich euch geboten habe. Seid gewiss: Ich bin bei euch alle Tage bis zum Ende der Welt.

Jesus wird von Johannes getauft
MARKUSEVANGELIUM 1,9–11

In jenen Tagen kam Jesus aus Nazaret in Galiläa und ließ sich von Johannes im Jordan taufen. Und als er aus dem Wasser stieg, sah er, dass der Himmel sich öffnete und der Geist wie eine Taube auf ihn herabkam. Und eine Stimme aus dem Himmel sprach: Du bist mein geliebter Sohn, an dir habe ich Gefallen gefunden.

Das neue Leben aus dem Wasser und dem Geist
EXODUS 17,3–7

In jenen Tagen dürstete das Volk nach Wasser und murrte gegen Mose. Sie sagten: Warum hast du uns überhaupt aus Ägypten hierher geführt? Um uns, unsere Söhne und unser Vieh verdursten zu lassen? Mose schrie zum Herrn: Was soll ich mit diesem Volk anfangen? Es fehlt nur wenig und sie steinigen mich. Der Herr antwortete Mose: Geh am Volk vorbei und nimm einige von den Ältesten Israels mit; nimm auch den Stab in die Hand, mit dem du auf den Nil geschlagen hast, und geh! Dort drüben auf dem Felsen am Horeb werde ich vor dir stehen. Dann schlag an den Felsen! Es wird Wasser herauskommen und das Volk kann trinken. Das tat Mose vor den Augen der Ältesten Israels. Den Ort nannte er Massa und Meriba – Probe und Streit –, weil die Israeliten Streit begonnen und den Herrn auf die Probe gestellt hatten, indem sie sagten: Ist der Herr in unserer Mitte oder nicht?

Weitere Vorschläge:
EZECHIEL 47,1–9.12
JOHANNESEVANGELIUM 4,5–14
JOHANNESEVANGELIUM 7,37–39A

Auserwählung und neue Schöpfung
EZECHIEL 36,24–28

Ich hole euch heraus aus den Völkern, ich sammle euch aus allen Ländern und bringe euch in euer Land. Ich gieße reines Wasser über euch aus, dann werdet ihr rein. Ich reinige euch von aller Unreinheit und von allen euren Götzen. Ich schenke euch ein neues Herz und lege einen neuen Geist in euch. Ich nehme das Herz von Stein aus eurer Brust und gebe euch ein Herz von Fleisch. Ich lege meinen Geist in euch und bewirke, dass ihr meinen Gesetzen folgt und auf meine Gebote achtet und sie erfüllt. Dann werdet ihr in dem Land wohnen, das ich euren Vätern gab. Ihr werdet mein Volk sein und ich werde euer Gott sein.

JOHANNESEVANGELIUM 3,1–6

Es war ein Pharisäer namens Nikodemus, ein führender Mann unter den Juden. Der suchte Jesus bei Nacht auf und sagte zu ihm: Rabbi, wir wissen, du bist ein Lehrer, der von Gott gekommen ist; denn niemand kann die Zeichen tun, die du tust, wenn nicht Gott mit ihm ist. Jesus antwortete ihm: Amen, amen, ich sage dir: Wenn jemand nicht von neuem geboren wird, kann er das Reich Gottes nicht sehen. Nikodemus entgegnete ihm: Wie kann ein Mensch, der schon alt ist, geboren werden? Er kann doch nicht in den Schoß seiner Mutter zurückkehren und ein zweites Mal geboren werden. Jesus antwortete: Amen, amen, ich sage dir: Wenn jemand nicht aus Wasser und Geist geboren wird, kann er nicht in das Reich Gottes kommen. Was aus dem Fleisch geboren ist, das ist Fleisch; was aber aus dem Geist geboren ist, das ist Geist.

1. PETRUSBRIEF 2,4–5.10

Brüder und Schwestern! Kommt zum Herrn, dem lebendigen Stein, der von den Menschen verworfen, aber von Gott auserwählt und geehrt worden ist. Lasst euch als lebendige Steine zu einem geistigen Haus aufbauen, zu einer heiligen Priesterschaft, um durch Jesus Christus geistige Opfer darzubringen, die Gott gefallen. Denn es heißt in der Schrift: Seht her, ich lege in Zion einen auserwählten Stein, einen Eckstein, den ich in Ehren halte; wer an ihn glaubt, der geht nicht zugrunde. Euch, die ihr glaubt, gilt diese Ehre. Für jene aber, die nicht glauben, ist dieser Stein, den die Bauleute verworfen haben, zum Eckstein geworden, zum Stein, an den man anstößt, und zum Felsen, an dem man zu Fall kommt. Sie stoßen sich an ihm, weil sie dem

Wort nicht gehorchen; doch dazu sind sie bestimmt. Ihr aber seid ein auserwähltes Geschlecht, eine königliche Priesterschaft, ein heiliger Stamm, ein Volk, das sein besonderes Eigentum wurde, damit ihr die großen Taten dessen verkündet, der euch aus der Finsternis in sein wunderbares Licht gerufen hat.

Weitere Vorschläge:
SACHARJA 12,10A; 13,1.9BC
JEREMIA 31,33–34
EPHESERBRIEF 4,1–6

Gott ist den Menschen nahe
JESAJA 49,14–16A
Zion sagt: Der Herr hat mich verlassen, Gott hat mich vergessen. Kann denn eine Frau ihr Kindlein vergessen, eine Mutter ihren leiblichen Sohn? Und selbst wenn sie ihn vergessen würde: ich vergesse dich nicht. Sieh her: Ich habe dich eingezeichnet in meine Hände – Spruch des Herrn.

Weiterer Vorschlag:
OFFENBARUNG 21,1–6

Gleichgestaltet mit Christus durch die Taufe
RÖMERBRIEF 6,3–5
Brüder und Schwestern! Wir alle, die wir auf Christus Jesus getauft wurden, sind auf seinen Tod getauft worden. Wir wurden mit ihm begraben durch die Taufe auf den Tod; und wie Christus durch die Herrlichkeit des Vaters von den Toten auferweckt wurde, so sollen auch wir als neue Menschen leben. Wenn wir nämlich ihm gleich geworden sind in seinem Tod, dann werden wir mit ihm auch in seiner Auferstehung vereinigt sein.

Brüder und Schwestern! Ihr seid alle durch den Glauben Söhne Gottes in Christus Jesus. Denn ihr alle, die ihr auf Christus getauft seid, habt Christus (als Gewand) angelegt. Es gibt nicht mehr Juden und Griechen, nicht Sklaven und Freie, nicht Mann und Frau; denn ihr alle seid »einer« in Christus Jesus.

Aufnahme in den Leib Christi durch die Taufe
1. KORINTHERBRIEF 12,12–13

Brüder und Schwestern! Wie der Leib eine Einheit ist, doch viele Glieder hat, alle Glieder des Leibes aber, obgleich es viele sind, einen einzigen Leib bilden: So ist es auch mit Christus. Durch den einen Geist wurden wir in der Taufe alle in einen einzigen Leib aufgenommen, Juden und Griechen, Sklaven und Freie; und alle wurden wir mit dem einen Geist getränkt.

Die Verpflichtung der Getauften
MATTHÄUSEVANGELIUM 22,35–40
MARKUSEVANGELIUM 12,28B–31.34
JOHANNESEVANGELIUM 15,1–11

Wer glaubt, hat das ewige Leben
JOHANNESEVANGELIUM 6,44–47

Der Glaube macht sehend und heilt Blindheit
JOHANNESEVANGELIUM 9,1–7

Aus der Seite Jesu fließt Blut und Wasser als Zeichen der Taufe
JOHANNESEVANGELIUM 19,31–35

Jesus heilt ein krankes Mädchen
MARKUSEVANGELIUM 7,24–30

Lesungen zur Feier der Eröffnung des Weges

Folgende Lesungen eignen sich besonders für die Feier zur Eröffnung des Weges bei der Feier der Kindertaufe in zwei Stufen. Man kann auch auf die Lesungen zur Tauffeier im vorangegangenen Abschnitt zurückgreifen oder eine andere Lesung aus der Heiligen Schrift wählen, die den eigenen Glauben hinsichtlich der Taufe ausdrückt.

Ich habe dich beim Namen gerufen; du gehörst mir
JESAJA 43,1–3
(Text siehe Abschnitt zuvor)

Ich gieße meinen Segen über deine Kinder
JESAJA 44,1–5
Höre, Jakob, mein Knecht, Israel, den ich erwählte. So spricht der Herr, dein Schöpfer, der dich im Mutterleib geformt hat, der dir hilft: Fürchte dich nicht, Jakob, mein Knecht, du, Jéschurun, den ich erwählte. Denn ich gieße Wasser auf den dürstenden Boden, rieselnde Bäche auf das trockene Land. Ich gieße meinen Geist über deine Nachkommen aus und meinen Segen über deine Kinder. Dann sprossen sie auf wie das Schilfgras, wie Weidenbäume an Wassergräben. Der eine sagt: Ich gehöre dem Herrn. Ein anderer benennt sich mit dem Namen Jakobs. Einer schreibt auf seine Hand: für den Herrn. Ein anderer wird ehrenvoll mit dem Namen Israel benannt.

Kehrt um, und glaubt an das Evangelium!
MARKUSEVANGELIUM 1,1–5.14–15
Anfang des Evangeliums von Jesus Christus, dem Sohn Gottes: Es begann, wie es bei dem Propheten Jesaja steht: Ich sende meinen Boten vor dir her; er soll den Weg für dich bahnen. Eine Stimme ruft in der Wüste: Bereitet dem Herrn den Weg! Ebnet

ihm die Straßen! So trat Johannes der Täufer in der Wüste auf und verkündigte Umkehr und Taufe zur Vergebung der Sünden. Ganz Judäa und alle Einwohner Jerusalems zogen zu ihm hinaus; sie bekannten ihre Sünden und ließen sich im Jordan von ihm taufen. Nachdem man Johannes ins Gefängnis geworfen hatte, ging Jesus wieder nach Galiläa; er verkündete das Evangelium Gottes und sprach: Die Zeit ist erfüllt, das Reich Gottes ist nahe. Kehrt um, und glaubt an das Evangelium!

Lasst die Kinder zu mir kommen!
LUKASEVANGELIUM 18,15–17

Man brachte kleine Kinder zu Jesus, damit er ihnen die Hände auflegte. Als die Jünger das sahen, wiesen sie die Leute schroff ab. Jesus aber rief die Kinder zu sich und sagte: Lasst die Kinder zu mir kommen; hindert sie nicht daran! Denn Menschen wie ihnen gehört das Reich Gottes. Amen, das sage ich euch: Wer das Reich Gottes nicht so annimmt wie ein Kind, der wird nicht hineinkommen.

Jesus segnet die Kinder
MARKUSEVANGELIUM 10,13–16
(Text siehe Seite 98)

Wer ist im Himmelreich der Größte?
MATTHÄUSEVANGELIUM 18,1–5

Jesus segnet die Kinder
MATTHÄUSEVANGELIUM 19,13–15

Alle werden Schüler Gottes sein
JOHANNESEVANGELIUM 6,44–47

Lieder

Die hier vorgeschlagenen Lieder finden sich weitgehend im Ein-
heitsgesangbuch »Gotteslob« (GL), das in der neuen Ausgabe
von 2013 in allen Kirchen ausliegt.
Einige modernere Lieder sind aus dem ebenfalls verbreiteten Lie-
derbuch »Unterwegs« (U) entnommen.

Zum Einzug
Kommt herbei, singt dem Herrn (GL 140 / U 147)
Auf, lasst uns jubeln dem Herrn (GL 141)
Komm her, freu dich mit uns (GL 148 / U 146)
Psalm 100 (GL 56)
Psalm 103 (GL 57)

Zur Eröffnung
Lobe den Herren (GL 392 / U 260)
Gott ruft sein Volk zusammen (GL 477)
Nun bitten wir den Heiligen Geist (GL 348)
O Jesu Christe (GL 485)
Das ist der Tag, den Gott gemacht (GL 329; insbesondere in der
Osterzeit)
Ihr seid das Volk, das der Herr sich ausersehn (GL 483)

Prozession zum Ambo
Gottes Wort ist wie Licht in der Nacht (GL 450 / U 41; Kanon)
Herr, gib uns Mut zum Hören (GL 448 / U 55)

Antwortgesang
Der Herr ist mein Hirt: Ps 23 (GL 37)
Mein Hirt ist Gott der Herr (GL 421 / U 106)
Der Herr ist mein Licht und mein Heil: Ps 27 (GL 38)

Nun lobet Gott im hohen Thron (GL 393)
Tief im Schoß meiner Mutter gewoben (GL 419)
Gottes Wort ist wie Licht in der Nacht (GL 450 / U 41; Kanon)

Ruf vor dem Evangelium
Halleluja (GL 175,2)
Ihr seid das Volk, das der Herr sich ausersehn (GL 483)
In der Fastenzeit: Lob dir, Christus (GL 176,5)
Weitere Halleluja-Rufe finden sich im »Gotteslob« unter den
Nr. 174–176 sowie im »Unterwegs« Nr. 167–172.

Nach der Predigt
Wir sind getauft auf Christi Tod (GL 329,3)
Gott gab uns Atem, damit wir leben (GL 468 / U 49)
Der Geist des Herrn (GL 347)
Herr, du bist mein Leben (GL 456)
Segne dieses Kind (GL 490)

Prozession zum Taufort
Psalm 42 (GL 42)
Der Geist des Herrn (GL 347)
Eine große Stadt ersteht (GL 479 / U 23)

Lieder vor der Taufe
Komm, Schöpfer Geist, kehr bei uns ein (GL 351)
Komm, Heiliger Geist (GL 342)
Öffnet euch, Herzen (U 124) (auch zum Effata-Ritus)

Glaubensbekenntnis
Das Apostolische Glaubensbekenntnis (GL 177 / 178 / 179)
Fest soll mein Taufbund (Diözesananhang GL)
Ich bin getauft und Gott geweiht (GL 491)
Das Große Glaubensbekenntnis (GL 586,2)

Wir glauben Gott im höchsten Thron (GL 355 / U 274)
Gott ist dreifaltig einer (GL 354)

Akklamation unmittelbar nach der Taufe
Halleluja (GL 175,2)
Danket, danket dem Herrn, denn er ist so freundlich (GL 406 / U 73; Kanon)
Lobet und preiset, ihr Völker, den Herrn (GL 408; Kanon)
Freut euch: Wir sind Gottes Volk (GL 56,1 / U 245.2)
Weitere Halleluja-Rufe finden sich im »Gotteslob« unter den Nr. 174–176 sowie im »Unterwegs« Nr. 167–172.

Lob- und Danklieder nach der Taufe
Das ist der Tag, den Gott gemacht (GL 329)
Ich lobe meinen Gott, der aus der Tiefe mich holt (U 161)
Lasst uns loben, freudig loben (GL 489 / U 136)
Laudato si (U 68)
Lobe den Herren (GL 392 / U 260)
Laudate omnes gentes, laudate Dominum (GL 386 / U 74; Kanon)
Lobet und preiset, ihr Völker, den Herrn (GL 408; Kanon)
Nun danket alle Gott (GL 405 / U 78)

Prozession zum Altar
Der Himmel geht über allen auf (U 39; als Kanon)
Dank sei dir, Vater (GL 484)
Hoch sei gepriesen (GL 384)
Psalm 47 (GL 44)

Vaterunser
GL 589,2
U 192
U 194

Abschluss der Tauffeier

Großer Gott, wir loben dich (GL 380)

Der Herr segne und behüte uns (U 117; Kanon)

Komm, Herr, segne uns (GL 451 / U 199)

Bewahre uns Gott (GL 453 / U 232)

Nun danket all und bringet Ehr (GL 403 / U 78)

Lasst uns loben, freudig loben (GL 489 / U 136)

Lieder vor dem Marienbild

Den Herren will ich loben (GL 395 / U 145)

Maria, breit den Mantel aus (GL 534)

Magnifikat (GL 631,4)

Du Mutter der Gnaden (GL 521, 5 und 6)

O Maria, sei gegrüßt (GL 523)

Fürbitten

In den Fürbitten tragen die Gläubigen die Anliegen, Sorgen und Nöte der Welt vor Gott. Indem sie fürbittend vor ihn hintreten, nehmen sie einen priesterlichen Dienst wahr, der ihnen in der Taufe übertragen wurde, als sie mit Chrisam gesalbt wurden.

Daher ist es sinnvoll und vorgesehen, dass die Gläubigen die Fürbitten selbst vorbereiten und sprechen, z. B. die Paten oder andere Mitfeiernde; auch Kinder können hier beteiligt werden. Dabei soll in den Anliegen der ganzen Welt gebetet werden (Weltkirche und Gemeinde, Menschen in Gesellschaft, Notleidende, Verstorbene usw.). Aktuelle Ereignisse und Anlässe haben auch ihren Platz in den Fürbitten. Daher kann natürlich auch für den Täufling, die Eltern und Paten sowie in familiären Anliegen gebetet werden. Im Normalfall werden ungefähr fünf Bitten vorgetragen.

Die Fürbitten werden von einem oder mehreren Mitfeiernden vorgetragen. Nach einer kurzen Stille, in der sich alle das Anliegen zu eigen machen, antworten sie mit einem gesprochenen oder gesungenen Ruf. Auch spontane Bitten aus dem Kreis der Feiernden sind möglich; dazu kann der Zelebrant einladen. Die Fürbitten selbst nennen Personen oder Gruppen (Beispiel: »Für die Menschen, die unter Krieg und Vertreibung leiden.«), das Anliegen (Beispiel: »Um Frieden unter den Völkern.«) oder kombinieren beides (Beispiel: »Lasst uns beten, dass dieses Kind im Licht des göttlichen Geheimnisses deines Todes und deiner Auferstehung durch die Taufe neu geboren und der heiligen Kirche eingegliedert wird.«). Die folgenden Beispiele von Fürbitten sollen als Anregung zur eigenen Formulierung dienen.

Fürbitten zur Tauffeier

Nach einer Einleitung des Taufspenders tragen ein oder mehrere Vorbeter die Bitten vor:

Vorbeter/-in: Für Stella, dass sie zur Freude ihrer Eltern, Verwandten und Freunde gesund an Leib und Seele aufwächst und stark wird in Glauben, Hoffnung und Liebe.
Alle: Wir bitten dich, erhöre uns.

Vorbeter/-in: Für die Eltern, Verwandten und Freunde von Stella und die ganze Christliche Gemeinde, dass sie ihr die Freude und Schönheit eines Lebens aus dem katholischen Glauben überzeugend vorleben.
Alle: Wir bitten dich, erhöre uns.

Vorbeter/-in: Für alle Kinder dieser Welt, besonders für diejenigen, die in Kriegs- und Krisengebieten oder in innerer oder äußerer Not aufwachsen müssen, dass sie Menschen und Orte der Liebe und des Friedens finden.
Alle: Wir bitten dich, erhöre uns.

Vorbeter/-in: Für die verstorbenen Großeltern und Verwandten von Stella, dass sie in der Freude des Himmels am heutigen Fest der Taufe teilhaben.
Alle: Wir bitten dich, erhöre uns.

Als Fürbittruf kann man die Bitte »Wir bitten dich, erhöre uns« sprechen oder singen (vgl. GL 556,6 zweiter Teil). Man kann ebenfalls einen anderen Ruf verwenden, z. B.: »Der Herr ist mein Licht und mein Heil« (GL 38,1) oder die Rufe bei GL 181 oder 586,5.

Fürbitten zur Feier der Eröffnung des Weges (1. Stufenfeier)

Nach einer Einleitung des Taufspenders tragen ein oder mehrere Vorbeter die Bitten vor:

Vorbeter/-in: Schenke diesen Kindern, was sie zum Leben brauchen, und behüte sie vor Krankheit, Not und allem Schaden. – *Stille* – Christus, höre uns.
Alle: Christus, erhöre uns.

Vorbeter/-in: Stütze ihre Eltern in allen Sorgen und Anstrengungen und erhalte in unseren Familien die Liebe zueinander und das gegenseitige Verstehen. – *Stille* – Christus, höre uns.
Alle: Christus, erhöre uns.

Vorbeter/-in: Gib, dass Eltern, Paten und alle Angehörigen in dir die Quelle des Lebens finden, und hilf ihnen, den Kindern dein Evangelium glaubwürdig zu bezeugen. – *Stille* – Christus, höre uns.
Alle: Christus, erhöre uns.

Vorbeter/-in: Ermutige alle Christen, die Einheit zu fördern und alle Spaltungen zu überwinden. – *Stille* – Christus, höre uns.
Alle: Christus, erhöre uns.

Vorbeter/-in: Stärke in allen Menschen und bei allen Völkern den Geist der Gerechtigkeit, des Friedens und der Versöhnung. – *Stille* – Christus, höre uns.
Alle: Christus, erhöre uns.

Biblische Worte zur Taufe

Es ist ein schöner Brauch, wenn die Eltern oder gegebenenfalls die Paten anlässlich der Taufe eines Kindes ein biblisches Wort aussuchen. Dieses Wort kann zusammenfassen, was sie mit der Feier der Taufe verbinden. Deshalb ist es als Leitmotiv eventuell auch hilfreich für die Auswahl der verschiedenen Einzelelemente der Tauffeier. Dieses Wort kann zugleich über die Taufe hinaus ein Leitwort für das ganze Leben des Kindes sein und die Erinnerung an die Taufe lebendig halten. Es kann gegebenenfalls in das Stammbuch oder die Taufurkunde eingetragen werden. In besonderer Weise eignen sich Leitworte aus der Heiligen Schrift. Hier ein paar Vorschläge:

Der Herr lasse sein Angesicht über dich leuchten und sei dir gnädig. Der Herr wende sein Angesicht dir zu und schenke dir Heil.
(Numeri 6,25 f.)

Habe ich dir nicht befohlen: Sei mutig und stark? Fürchte dich also nicht und hab keine Angst; denn der Herr, dein Gott, ist mit dir bei allem, was du unternimmst.
(Josua 1,9)

Der Herr ist mein Licht und mein Heil: Vor wem sollte ich mich fürchten? Der Herr ist die Kraft meines Lebens: Vor wem sollte mir bangen?
(Psalm 27,1)

Gott, wie köstlich ist deine Huld! Die Menschen bergen sich im Schatten deiner Flügel.
(Psalm 36,8)

Ich aber bleibe immer bei dir, du hältst mich an meiner Rechten.
(Psalm 73,23)

Denn er befiehlt seinen Engeln, dich zu behüten auf all deinen Wegen.
(Psalm 91,11)

Dein Wort ist meinem Fuß eine Leuchte, ein Licht für meine Pfade.
(Psalm 119,105)

Du umschließt mich von allen Seiten und legst deine Hand auf mich.
(Psalm 139,5)

Ich habe dich beim Namen gerufen, du gehörst mir.
(Jesaja 43,1)

Sieh her: Ich habe dich eingezeichnet in meine Hände.
(Jesaja 49,16)

Und doch bist du, Herr, unser Vater. Wir sind der Ton, und du bist unser Töpfer, wir alle sind das Werk deiner Hände.
(Jesaja 64,7)

Wer glaubt und sich taufen lässt, wird gerettet.
(Markusevangelium 16,16)

Wenn jemand nicht aus Wasser und Geist geboren wird, kann er nicht in das Reich Gottes kommen.
(Johannesevangelium 3,5)

Ich bin das Licht der Welt. Wer mir nachfolgt, wird nicht in der Finsternis umhergehen, sondern wird das Licht des Lebens haben.
(Johannesevangelium 8,12)

Ich bin der Weg und die Wahrheit und das Leben.
(Johannesevangelium 14,6)

Wie mich der Vater geliebt hat, so habe auch ich euch geliebt.
(Johannesevangelium 15,9)

Die Gabe Gottes aber ist das ewige Leben in Christus Jesus,
unserem Herrn.
(Römerbrief 6,23b)

Wir wissen, dass Gott bei denen, die ihn lieben, alles zum
Guten führt.
(Römerbrief 8,28)

Denn ich bin gewiss: Weder Tod noch Leben, weder Engel noch
Mächte, weder Gegenwärtiges noch Zukünftiges, weder Gewal-
ten der Höhe oder Tiefe noch irgendeine andere Kreatur können
uns scheiden von der Liebe Gottes, die in Christus Jesus ist, unserem Herrn.
(Römerbrief 8,38 f.)

Die Liebe hört niemals auf.
(1. Korintherbrief 13,8)

Der Herr aber ist der Geist, und wo der Geist des Herrn wirkt,
da ist Freiheit.
(2. Korintherbrief 3,17)

Denn ihr alle, die ihr auf Christus getauft seid, habt Christus (als
Gewand) angelegt.
(Galaterbrief 3,27)

Seht, wie groß die Liebe ist, die der Vater uns geschenkt hat: Wir
heißen Kinder Gottes und sind es.
(1. Johannesbrief 3,1)

Gebet der Eltern für ihr Kind

Der Herr sei vor dir,
um dir den rechten Weg zu zeigen.

Er sei neben dir,
um dich in die Arme zu schließen
und dich zu schützen gegen Gefahren von links und rechts.

Er sei hinter dir,
um dich zu bewahren vor der Heimtücke böser Menschen.

Er sei unter dir,
um dich aufzufangen, wenn du fällst,
und dich aus der Schlinge zu ziehen.

Er sei in dir,
um dich zu trösten, wenn du traurig bist.

Er sei um dich herum,
um dich zu verteidigen, wenn andere über dich herfallen.

Der Herr sei über dir, um dich zu segnen.

(Segensgebet, 4. Jahrhundert)

Wenn wir uns beim Betreten der Kirche mit Weihwasser bekreuzigen, dann ist dies eine Erinnerung an die Taufe. In der ehemaligen Kirche St. Ursula in Kalscheuren ist das Weihwasserbecken daher Teil des Taufbrunnens.

Die Feier der Taufe

von:

am:

in:

Taufspruch:

Z = Zelebrant

	Text / Lied	Beteiligte
Eröffnung		
Empfang vor der Kirche oder am Eingang		Z
Einzug (Lied / Musik)		
Eröffnung		Z
Begrüßung		Z
Gespräch mit den Eltern		Z und Eltern
Wort an die Paten		Z und Paten
Bezeichnung mit dem Kreuzzeichen		Z, Eltern, Paten
Gebet (fakultativ)		Z
Wortgottesdienst		
1. Lesung (AT)*		Lektor/-in**
Antwortgesang*		Vorsänger/-in**
2. Lesung (NT)*		Lektor/-in**
Ruf vor dem Evangelium*		Vorsänger/-in**

Evangelium*	
Homilie / Predigt	Z
Lied / Musik	
Fürbitten	Sprecher/-in**
Salbung mit Katechumenenöl oder Handauflegung	Z
Spendung der Taufe	
Lobpreis / Taufwasserweihe	Z
Absage und Glaubensbekenntnis	Z, Eltern, Paten
Taufe	Z
Akklamation nach der Taufe	
Ausdeutende Riten	
Salbung mit Chrisam	Z
Überreichen des Taufkleides	Z
Entzünden der Taufkerze	Z, Vater
Effata-Ritus (fakultativ)	Z
Abschluss	
Vaterunser	Alle
Schlusssegen	Z
Auszug / Gang zum Marienbild (dazu Lied / Musik)	

* Die hier dargestellte ausgebaute Form des Wortgottesdienstes ist eine Möglichkeit; man kann auch lediglich ein oder zwei biblische Texte frei wählen.

** Wenn möglich aus der Reihe der Mitfeiernden, aber nicht die Eltern.

Lese- und Literaturhinweise

Quellen:

Die Feier der Kindertaufe in den Bistümern des deutschen Sprachgebietes. Zweite authentische Ausgabe auf der Grundlage der Editio typica altera 1973, Freiburg im Breisgau [u. a.] 2007.
Offizielles Feierbuch mit allen liturgischen Texten.

Gotteslob. Katholisches Gebet- und Gesangbuch (verschiedene Ausgaben), 2013.
Offizielles Gebet- und Gesangbuch der katholischen Kirche in Deutschland; enthält je nach Diözese einen Eigenteil mit regional beliebten Liedern.

Unterwegs. Lieder und Gebete, Trier ³2013.
Neue Texte und Melodien für Jugend- und Gemeindegottesdienste; zu beziehen: VzF Deutsches Liturgisches Institut, Telefon: +49 651 94808-50, www.liturgie.de

Die Bibel. Altes und Neues Testament, Einheitsübersetzung, revidierte Neuausgabe 2016.
Die Einheitsübersetzung ist eine deutsche Bibelübersetzung für den liturgischen Gebrauch im römisch-katholischen Gottesdienst.

Die Feier der Kindertaufe. Pastorale Einführung (Arbeitshilfen 220), Bonn 2008.
Pastorale Einführung der deutschen Bischöfe zur Kindertaufe mit vielen wichtigen Hinweisen zur Theologie und Feier der Kindertaufe; gratis erhältlich beim Sekretariat der deutschen Bischofskonferenz (zu beziehen: www.dbk.de).

Namenstagskalender:

Jakob Torsy und Hans-Joachim Kracht, Der große Namenstagskalender, Freiburg im Breisgau 2008.
> Überblick über das Leben aller wichtigen Heiligen in chronologi-
> scher Reihenfolge vom 1. Januar bis zum 31. Dezember.

Dazu auch im Internet: http://namenstage.katholisch.de/na-
menstage.php

Literatur zur Taufe:

Den Glauben weitergeben. Werkbuch zur Kindertaufe, hrsg. von
Winfried Haunerland und Eduard Nagel, Trier 2008.
> Werkbuch mit vielfältigen Anregungen und Hilfen zur Pastoral der
> Kindertaufe und zu einer sinnerfüllten und ansprechenden Ge-
> staltung der Feier; zu beziehen: VzF Deutsches Liturgisches Insti-
> tut, Telefon: 0651 94808-50, www.liturgie.de, oder im Buchhandel.

Martin Stuflesser und Stephan Winter, Wiedergeboren aus Wasser und Geist. Die Feiern des Christwerdens (Grundkurs Liturgie, Bd. 2), Regensburg 2004.
> Theologische Einführung, die sich an Interessierte wendet, die ihr
> Verständnis vertiefen wollen.

Literatur zur Feier des Gottesdienstes allgemein:

Liborius O. Lumma, Crashkurs Liturgie. Eine kurze Einführung
in den katholischen Gottesdienst, Regensburg ³2015.
> Informationen und guter erster Zugang zum Selbstverständnis der
> Liturgie sowie zu einzelnen Gottesdienstformen.

Rupert Berger, Pastoralliturgisches Handlexikon, Freiburg im Breisgau 2013.

Sehr fundiertes Lexikon mit grundlegenden Informationen für alle, die ein bisschen mehr über den Gottesdienst der katholischen Kirche wissen wollen.

Adolf Adam und Winfried Haunerland, Grundriss Liturgie, Freiburg im Breisgau 2014.

Grundlegendes, übersichtliches Werk mit Informationen zum Gottesdienst allgemein, zu den einzelnen Sakramenten und den verschiedenen Gottesdienstformen sowie zum Kirchenjahr.

Glossar

Akklamation
Kurzer, zumeist gesungener Ruf, mit dem die Gläubigen eine liturgische Feier mittragen. Der Ruf hat oft Bekenntnischarakter.

Ambo
Ort der Verkündigung der Heiligen Schrift (Lesungen, Antwortpsalm, Evangelium, eventuell auch Predigt und Fürbitten).

Chrisam
Salböl aus Olivenöl und Balsam, das bei Taufe, Firmung, Bischofs- und Priesterweihe, Altar-, Kirchen- und Glockenweihe verwendet wird. Der Ritus der Chrisam-Salbung erinnert an die Salbung der israelischen Könige und bringt die enge Verbundenheit mit Gott zum Ausdruck. »Christus« ist der Gesalbte und die Gläubigen werden in der Taufe zu »Christen«, zu Gesalbten.

Effata-Ritus
Vom aramäischen »Effata« = deutsch »Öffne dich!«. In Anlehnung an die Heilung des Taubstummen durch Jesus (Markusevangelium 7,31–37) werden bei diesem Ritus in der Tauffeier beim Täufling Ohren und Mund berührt, um sie für die Botschaft des Glaubens zu öffnen.

Eucharistie
Wörtlich »Danksagung«, nämlich für Tod und Auferstehung Jesu Christi, durch die er die Menschen erlöst hat. Jesus selbst deutet im Abendmahlssaal Brot und Wein auf sein Sterben und trägt den Gläubigen auf, dies zu seinem Gedächtnis zu feiern, damit sie Anteil an ihm haben und ewiges Leben erlangen.

Exorzismus

Unter Anrufung Gottes gesprochenes Machtwort gegen böse und gottwidrige Mächte. Jesus verwendet selbst solche Machtworte. Sie sind Zeichen der bereits angebrochenen Gottesherrschaft. So bittet der Exorzismus in der Taufe Gott um den Schutz des Täuflings vor dem Bösen.

Firmung

Neben Taufe und Eucharistieempfang das zweite der drei Sakramente, mit denen ein Mensch in die Kirche aufgenommen wird. In der Firmung wird durch Gebet, Handauflegung und Salbung die Fülle des Heiligen Geistes verliehen und die Taufe vollendet.

Glaubensbekenntnis

Formel- und bekenntnishafte Zusammenfassung der wichtigsten Glaubensinhalte. Es gibt verschiedene Fassungen: Das »Apostolische Glaubensbekenntnis« (GL 3,4) ist aus einem Taufbekenntnis entstanden, das »Große Glaubensbekenntnis« (GL 586.2A) geht auf Konzilien im 4. Jahrhundert zurück.

Homilie

Predigt im Gottesdienst über einen biblischen oder liturgischen Text. Sie soll den Gläubigen den Sinn und die Bedeutung der biblischen Botschaft und des gefeierten Glaubens für ihr Leben erschließen.

Katechumenenöl

Öl, mit dem ein Taufbewerber (= Katechumene) gesalbt wird, um ihn symbolisch zu stärken.

Liturgie

Liturgie ist die Feier des Glaubens. In der gottesdienstlichen Feier werden die Heilstaten Gottes, die sich in der Geschichte

v. a. in Leben, Tod und Auferstehung Jesu Christi ereignet haben, im Heute gegenwärtig und für die Zukunft verheißen. Dafür danken die Gläubigen in der Gemeinschaft der gesamten Kirche, loben Gott und bitten ihn um seine Gnade.

Magnifikat
Lobgesang der Gottesmutter Maria während ihres Besuches bei ihrer Verwandten Elisabeth (Lukasevangelium 1,39–56). Benannt nach den lateinischen Anfangsworten »Magnificat anima mea Dominum … – Meine Seele preist die Größe des Herrn …«

Mysterium
Das Mysterium, das Geheimnis des Glaubens, bekennen die Gläubigen in jeder Eucharistiefeier: »Deinen Tod, o Herr, verkünden wir, und deine Auferstehung preisen wir, bis du kommst in Herrlichkeit.« Diese Heilstat ist so unverfügbar wie ein Geheimnis, weil sie dem Menschen geschenkt wird.

Pascha
Jüdisches Frühlingsfest, das an die Errettung und den Auszug Israels aus Ägypten und den Durchzug durch das Rote Meer erinnert. Letzteres wird zum Sinnbild für den Übergang vom Tod in das neue Leben durch die Auferstehung, an der die Christen durch die Taufe teilhaben (Ostern als christliches Pascha).

Psalm
Alttestamentliches Lied. In der Bibel stehen 150 Psalmen, die auch Jesus gebetet hat. Christen beten die Psalmen also mit Christus, aber auch mit deren Worten zu Christus.

Sakrament
Zeichen des konkreten und persönlichen Heilswirkens Gottes und Ausdruck der Heilszuwendung Gottes. Die Sakramente

gründen alle in Jesus Christus, der unüberbietbaren Offenbarung dieses göttlichen Heilswillens. Es werden sieben einzelne Sakramente unterschieden: Taufe, Firmung, Eucharistie, Trauung, Weihe, Buße, Krankensalbung.

Zelebrant
Leiter eines Gottesdienstes. Bei der Taufe ist das in der Regel ein Priester (Pfarrer, Vikar oder Kaplan) oder Diakon, manchmal auch der Papst oder ein Bischof.

Quellen

Bilder:

S. 12: © Franz Josef Rupprecht GmbH, www.kathbild.at

S. 58: © Thomas Loeder

S. 117: © Martina Langel

S. 6, 10–11, 15, 18–19, 70–71, 96–97: © Andrea Göppel,
www.andrea-goeppel.de

Alle übrigen Bilder: © Klaus Peter Dannecker

Texte:

Die Bibeltexte sind entnommen aus:
Einheitsübersetzung der Heiligen Schrift, © 1980 Katholische Bibelanstalt, Stuttgart

Die liturgischen Texte sind entnommen aus:
Rituale Romanum auf Beschluss des Hochheiligen Ökumenischen Zweiten Vatikanischen Konzils erneuert und unter der Autorität Papst Pauls VI. veröffentlicht: Die Feier der Kindertaufe in den Bistümern des deutschen Sprachgebietes. Zweite authentische Ausgabe auf der Grundlage der Editio typica altera 1973, 2007.
© Ständige Kommission für die Herausgabe der gemeinsamen liturgischen Bücher im deutschen Sprachgebiet.
Die Ständige Kommission für die Herausgabe der gemeinsamen liturgischen Bücher im deutschen Sprachgebiet erteilte für die aus »Die Feier der Kindertaufe« entnommenen Texte die Abdruckerlaubnis.

Autoren

Klaus Peter Dannecker, Dr. theol., Professor für Liturgiewissenschaft an der Theologischen Fakultät Trier und Leiter der Wissenschaftlichen Abteilung des Deutschen Liturgischen Instituts Trier, Priester des Bistums Rottenburg-Stuttgart.

Alexander Saberschinsky, Dr. theol., Honorarprofessor für Liturgiewissenschaft an der Katholischen Hochschule Nordrhein-Westfalen, Abt. Paderborn / Fachbereich Theologie; Lehrbeauftragter an der Bergischen Universität Wuppertal; Referent für Liturgie in der Hauptabteilung Seelsorge des Erzbischöflichen Generalvikariats Köln.